U1014606

KOBE

黑曼巴传奇

致敬科比·布莱恩特

1978-2020

〔英〕马克·伍兹◎著　　张　琨◎译

中国出版集团
研究出版社

图书在版编目 (CIP) 数据

黑曼巴传奇 / (英) 马克 · 伍兹著 ; 张琨译 . -- 北京 : 研究出版社 , 2020.6

ISBN 978-7-5199-0438-8

Ⅰ . ①黑… Ⅱ . ①马… ②张… Ⅲ . ①布莱恩特 (Bryant, Kobe 1978–2020) –传记 Ⅳ . ① K837.125.47

中国版本图书馆 CIP 数据核字 (2020) 第 109679 号

北京市版权局著作权合同登记号　图字 : 01–2020–2833

A Tribute to Kobe (1978-2020) by Mark Woods

Copyright © Mortons Media Group Ltd.

Chinese Simplified Character Rights arranged through

Media Solutions – Tokyo Japan

Simplified Chinese Translation Copyright © 2020 by Research Press

All Rights Reserved.

出 品 人：赵卜慧

图书策划：张　琨

责任编辑：张　璐

黑曼巴传奇

The Legend of Black Mamba

作　　者	【英】马克 · 伍兹
译　　者	张　琨
出版发行	研究出版社
地　　址	北京市朝阳区安定门外安华里 504 号 A 座（100011）
电　　话	010-64217619　64217612 (发行中心)
经　　销	新华书店
印　　刷	北京汇瑞嘉合文化发展有限公司
版　　次	2020 年 7 月第 1 版　　2020 年 7 月北京第 1 次印刷
开　　本	889 毫米 *1194 毫米　1/16
印　　张	8.5
字　　数	170 千字
书　　号	ISBN 978-7-5199-0438-8
定　　价	68.80 元

版权所有，翻印必究；未经许可，不得转载

科比·布莱恩特（Kobe　Bryant）是史上最引人注目、最著名的运动员之一，强大的内驱力使他成为顶级篮球运动员。从他在意大利度过的童年时光，到作为洛杉矶湖人队的巨星在NBA夺得多个总冠军的光辉岁月，击败对手成为他始终面对的个人挑战。科比在一场意外的直升机失事中英年早逝，这使他在篮球场内外书写的人生更具传奇色彩。

24

Kobe Bryant

(1978—2020)

目 录 Contents

永恒的记忆

科比·布莱恩特不幸去世时年仅 41 岁，
但他精彩的篮球生涯将永远留在人们的记忆中。

球员默哀：当得知科比死于直升机失事时，包括勒布朗·詹姆斯（LeBron James）在内的曾经的对手，都沉浸在悲痛之中。

2001年NBA总决赛，卫冕冠军洛杉矶湖人队与费城76人队争夺总冠军。湖人队在七场系列赛中以3-1领先，科比在离开球场的时候听到了一个捣蛋鬼的声音：让这个在费城出生的孩子直接滚回洛杉矶吧！

科比·布莱恩特向来是位充满自信的运动员，对这样的言语挑衅，他从来不会置之不理。“我们会在周三把你们的心挖出来！”他发誓道。他喜欢做出大胆的承诺，而且总是言必信、行必果。76人队最终被湖人队击败。作为湖人队的后卫，科比以典型的外科手术般的精准性，帮助球队赢得了五个总冠军中的第二个。

2020年1月26日，星期天。科比在直升机失事中不幸身亡的消息在篮球界和其他领域引起震动。直升机坠毁在洛杉矶郊区的山坡上。科比当时只有41岁，他是九名遇难者之一，死者中还有他13岁的女儿吉安娜。

正如他所希望的那样，NBA比赛继续进行。当天晚上，那些身材魁梧的男儿在全联盟的赛场上洒下了热泪，有些人难抑悲痛，甚至无法参赛。勒布朗·詹姆斯在24小时前，刚刚在NBA历史得分榜上超越科比，获得第三名。他在得知这场灾难后，泣不成声。

“NBA家庭遭受到毁灭性打击。”联盟委员亚当·西尔弗(Adam Silver)说。科比在湖人队的前辈、魔术师约翰逊补充道：“科比对篮球运动的影响，无法用语言描述。”

科比·布莱恩特拥有赢得NBA冠军的非凡能力，这也突显了他作为无情刺客的另一面：黑曼巴。

2016年4月，科比在对阵犹他爵士队的比赛中，砍下60分，这是他参加的最后一场 NBA 比赛。

科比在美国和意大利长大，为了实现儿时的梦想，他不仅要为NBA创造奇迹，还要让NBA为他的意志折服。最重要的是，正是这种坚毅驱使科比不断挑战竞技极限，或许做到了“前无古人，后无来者”。无论付出什么代价，他都要赢得胜利，做到最好！

科比曾经表示：“生而为人，作为个体，我们必须做出选择。”“如果你想在某件事上做得很出色，你就必须做出选择。我们都能在自己的领域中成为大师，但你必须要做出抉择。”

他还说，“我的意思是，伴随着选择就会有那些不可避免的牺牲：与家人相伴、与朋友相聚；做个好朋友、好儿子、好侄子，等等。当你做出那个决定的同时，就伴随着相应的付出。”

科比在18岁的时候，成为NBA历史上最年轻的球员。他在高中毕业后就直接加盟NBA，很多人都认为他的前途必将跌跌撞撞，充满坎坷。然而，在第二个赛季，他就成为了全明星球员。

科比的个人主义可能会令人不悦。批评者称尽管科比与沙奎尔·奥尼尔（Shaquille O' Neal）的组合在湖人队大放异彩，但科比投篮太多，过于自我。

对此，科比反驳道：“有些人认为莫扎特作品中的音符太多了，但莫扎特对批评者的回应则是，他作品中的音符既没有太多，也没有太少，它们恰到好处。”

这几乎把奥尼尔逼疯了，他最终选择了离开洛杉矶湖人队。

科比在湖人队辉煌的20年里，始终与伤病相伴，伤病大大削弱了他的实力。在2016年退役前的最后一场比赛中，科比虽然拿下了令人惊叹的60分，但出手投篮次数也同样多达50次。

无愧于心　完美谢幕

自始至终，科比都是阳光和阴影交汇的矛盾混合体。2003年的庭外指控要求他向公众道歉。

科比充满了真正的智慧，他经常用雄辩的口才和精彩的创意表达自己的观点。

科比的第二职业也做得有声有色。2018年，他因动画短片《亲爱的篮球》获得奥斯卡奖，而这正是他写给篮球比赛的一封情书。他说自己最大的乐趣是养育了四个女儿。科比遇难时，正陪伴吉安娜去参加一项青年篮球锦标赛，他打算亲自指导女儿参赛。吉安娜梦想着进入女子职业篮球联盟。科比曾对她说：“宝贝儿，你没问题！”

许多人都喜欢得到他的鼓励。无论是队友还是对手，科比都愿意与其分享他独具个人风格的“曼巴精神”，这给他人带来了不可估量的影响。“他在认识我之前就帮助了我，这正是因为他有能力做到这一切。”詹姆斯表示。

“如果要想确保至高无上的地位，就必须用刀刺向对手的胸膛。”他也会教导你这样去做。科比承认这可能不正常，不过，正如他强调的那样：“大多数天才都不正常。”

毫无疑问，科比一直都是赢家。或许这是个谜，但赛场上的科比·布莱恩特永远是那样的冷酷无情、身强体健、特立独行。

世界公民

科比·布莱恩特出生在美国，但却成长在意大利，所以他并不是典型的美国青年。

1978年8月23日，科比出生于美国费城，但他的人生故事却在大洋彼岸的意大利初露锋芒。

这是两个不同的世界，对科比也产生了双重的影响。正是由于这种背景，科比后来不仅仅成为美国的偶像，更是一位杰出的全球化人物。

篮球蕴藏在科比的基因之中，科比的父亲乔·布莱恩特（Joe Bryant）很早就看到了这点。可他从来都不是NBA的超级巨星。绰号是“软心豆粒糖”的他与那些伟大的球员们有过交集：1975年，他被金州勇士队选中而进入NBA，但不久被送回费城，随后加入76人队。这是一支进步中的球队，他们期望乔·布莱恩特的加盟能助其平步青云。

科比在意大利长大，父亲乔·布莱恩特是他的第一位篮球偶像。

乔·布莱恩特的职业生涯既有闪光时刻，也有黑暗时刻。作为人们公认的“J博士”，朱利叶斯·欧文（Julius Erving）很快就成为了他们的图腾。道格·柯林斯（Doug Collins）与乔·布莱恩特都曾在全明星替补阵容中，后来在NBA对阵科比时担任教练。他们本应在1977年进入总决赛，但却以2比4输给了波特兰开拓者队。

乔·布莱恩特在赛场上发挥不稳定，这使他走到了职业生涯的边缘。在NBA生涯的最后四年里，他先后在圣地亚哥快船队和休斯顿火箭队效力。可至少在美国，总冠军的头衔对他而言，

除了意大利语，科比还会说流利的西班牙语。他与巴塞罗那队的传奇球星伊涅斯塔交情深厚。

仍然遥不可及。

诱人的机遇在海外出现。意大利号称拥有全世界规模第二的篮球联赛，不论是大城市还是小城镇，都有适应其规模的各类俱乐部。由美国引进的球员可以获得很高的薪酬和难以撼动的明星地位。对那些在美国 NBA 比赛时只能坐在替补席上的球员来说，参加意大利的篮球联赛是非常有吸引力的选择。

正因为如此，1984 年夏末，乔·布莱恩特和夫人帕姆（Pam）带着两个女儿，夏里亚（Sharia）和夏雅（Shaya），以及她们 6 岁的弟弟科比，来到了风景如画的意大利中世纪小镇列蒂（Rieti）。

他们发现，足球仍然是这个国家最痴迷的运动。来自小镇 45000 人中的篮球迷们会在周日相聚，一起为 AMG 赛巴斯蒂安尼（AMG Sebastiani）篮球俱乐部加油。四年前，这支曾经默默无闻的篮球队一飞冲天，捧起了欧洲的科拉奇杯（Korac Cup）。

他们相信，乔·布莱恩特的到来，会增加球队的篮球素养和场上得分。在下午的训练中，乔最小的孩子也会坐在球场边练习拍球。就这样，一家人很快就在异国他乡安顿了下来。意大利语成了科比的第二母语。乔的家人也把这个国家当成自己第二故乡。伴随接连不断的盛情邀请，乔一家人在那里一住就是 7 年。

从意大利南部著名城市卡拉布里亚（Calabria）到托斯卡纳的皮斯托亚（Pistoia），再到北部的雷吉欧埃米利亚（Reggio Emilia），不同的球队都使出浑身解数说服“软心豆粒糖”延长他的停留时间。

乔两次被评选为“意大利年度最佳球员”。他的儿子也开始了自己的事业。科比加入了当地的青年队，他的水平远高于队友，很快成为队里的支柱。

顺理成章

乔曾精心指导过科比，后来又分别在亚洲和美国女篮联盟（WNBA）执教。早在妻子帕姆怀孕期间，夫妇俩在一家日本牛排馆吃饭时，就为尚未出生的孩子选择了“科比”这个名字。他们喜欢这个字的发音。“Ko-bee”的后半部像乔的雅号“Jellybean”（软心豆粒糖）中的“bean”，这个发音就好像是对科比父亲的致敬。帕姆虽然不是运动员，却也热爱运动。她一心扑在三个孩子身上，培养他们良好的举止和得体的穿着打扮，并帮助孩子们逐渐认识到了这样做的重要性。

帕姆对儿子的影响很大。“对于篮球的热爱，我更像我的父亲。”科比曾坦言，“但在球场上，我更像我的母亲。她就像只斗牛犬一般争强好胜。”

乔逐渐让科比认识到，走上篮球运动这条道路，他将要付出什么。在举家前往海外之前，他经常在休息日带着小科比去看湖人队的比赛，魔术师约翰逊成了这个孩子心目中的英雄。可谁又知道，有一天他也会回到美国，以自己的献身精神激励大家呢？

在意大利时，科比爱上了足球，AC 米兰是他最钟爱的俱乐部。当他去世的时候，这支意甲豪门表示：“当我们得知史上最伟大的运动员之一、罗索纳罗（Rossonero，即 AC 米兰队的主场）的球迷科比 · 布莱恩特不幸离世的时候，我们无法用语言表达内心的震惊。我们的心与在这场悲剧中受到伤害的家庭同在。我们永远怀念你，科比！”

意大利的青年联赛使科比如鱼得水，大放异彩，技术不断提高，球场上他总是要求控球。他比任何人都勇于挑战自己，承担比赛的重担。“那就是背水一战的心态！”科比这样说。湖人队的球迷们在以后的岁月里，仿佛看到了当年那些场景的回放：科比拥有不可动摇的自信心，他相信自己势不可挡，甚至无需队友的帮助。

在国外的时候，科比一家人的关系也更为紧密。三个孩子和两位家长，以不同的速度调整着自己。意大利的生活节奏与美国大不相同。

这种生活很适合科比。“我们在那儿过得很舒服。”科比在罗兰·拉森比（Roland Lazenby）的长篇传记《真实的科比》（*Showboat*）中说，“我们一下子就喜欢上了那种生活。那就是我们在意大利形成的生活态度。”

“家庭就是你的支柱。一旦你拥有家庭，一切都会好起来的。无论你得了 50 分还是 0 分，你的家人都会在那里。意大利人也有同样的想法，他们待人很热情。”

意大利文化对他的影响包括“Calcio”，即意大利语中“足球”一词。科比曾宣称 AC 米兰队是属于他的足球队。美国对他的影响也功不可没。祖父母会把 NBA 比赛和电视节目的录像带寄给他，让他心中时常装着自己的家乡。这些录像带成了他的学习辅导材料，而乔就是他的老师。于是就有了电视演示“湖人课”和“魔术大师课”。各种篮球技能和知识就这样注入到了科比身上。

篮球把科比带到了世界各地，包括南非。图为一群年轻运动员为科比举办的欢迎仪式。科比在全球范围内享有盛誉。

与篮球为伴

科比在与父亲一起乘坐球队大巴车的路途中，获得了更多的篮球知识。他在中场休息时找机会投篮，通过擦地板挣上几里拉或一笔小奖金。“当球童能让我更接近比赛。”科比回忆道，“我能够感受到比赛的速度和剧烈的身体对抗。”

就在乔凭借精彩扣篮和狂砍 50 分的战绩赢得赞誉的时候，他的儿子似乎已在谋划自己的 NBA 之路。他模仿并学会了 NBA 明星球员的步伐移动。这并不仅仅是个梦想，每当科比手握篮球的时候，都感觉到篮球就是他的宿命。

他在雷吉奥·埃米莉亚镇的童年队友大卫·朱迪奇（Davide Giudici）回忆说：“我们很快就清楚，科比来自另一个星球，他的球技比我们所有人都高出一筹。”

“他经常跟我们说，有朝一日他会成为 NBA 职业球员，每当这时候，我们都会开他的玩笑。”

后来，当这个大胆的预言实现的时候，他们会心一笑。

乔带着家人回到了费城，回国前的最后一站是法国，科比体会到了这次奇妙的家庭冒险给一家人带来了快乐。

科比就这样被带回了美国。但他在欧洲度过的神奇童年时光，对他产生了终生的影响。

“意大利是我的家，”他后来说，“那是我在 NBA 打球的梦想开始的地方。我在意大利学到了基本功，我学会投篮、传球和无球跑动。”

“当我回到美国的时候，发现同龄的球员并不知道如何打比赛，他们只想着跳投和扣篮。”

意大利人把科比视为家人，哀悼他的去世。米兰篮球队的主教练梅西纳（Ettore Messina）曾和科比一起在湖人队效力，“我们听着科比用我们的语言讲话、开玩笑，我们记得当科比还是个小孩子的时候，他的父亲曾经在这里打球。这一切都吸引了许多孩子去 NBA 打球。”他对美联社表示：“他也非常用心帮助从意大利来 NBA 打球的孩子，帮他们融入 NBA 这样竞争激烈的环境。当我初到湖人队的时候，他也是那样帮助我的。为此，我现在仍深深地感激他。”

科比经常回到意大利为年轻球员上培训课。尽管在 2011 年 NBA 休赛期间，科比与维鲁斯博洛尼亚队（Virtus Bologna）达成口头协议，双方准备签署为期 40 天的合同，科比承诺在那里结束自己的职业生涯，但他最终并未能履行承诺。

科比高中毕业后直接进入 NBA 打篮球，这看起来就像只有迪士尼电影才有的情节。

生命中的转折点

高中一毕业，科比·布莱恩特就成为 NBA 历史上最年轻的球员。然而，这种选择并非万无一失。

科比在劳尔·梅里恩高中撰写了自己的第一个传奇，该校的体育馆至今仍保留着他的名字。

科比说："劳尔·梅里恩（Lower Merion）中学和与之相关的一切造就了现在的我。"

在科比14岁的时候，布莱恩特一家回到了美国。这所位于费城郊区的高中，成为检验科比篮球才华的全新测试场。

他的天赋很明显。高中一年级的时候，他所在的校篮球队战绩惨不忍睹：4胜、20负。当有了这个被意大利塑造出来的孩子之后，球队取得了77胜、13负的战绩。科比在球队中的领袖地位也越发突显。

大多数胸怀抱负的篮球明星都会去培养人才。当乔·布莱恩特决定安顿下来过退休生活时，劳尔·梅里恩高中正是他所在社区的一所好学校。

科比每天坐学校大巴的时候，都把注意力集中在科学课和投篮上，他的名气也越来越大。他在三年级的时候，以平均每场31.1的得分、10.4个篮板、5.2次助攻，被评为宾夕法尼亚州"年度最佳球员"。

像杜克大学和北卡罗莱纳州立大学这样的名校篮球队，都会来招募有前途的青年队员。科比参加了篮球训练营，相比其他营员，他赢得的好评如潮。NBA临时球员有时也会邀请他一起练习。

高三的时候，科比·布莱恩特带领的梅里恩队获得了53年来的第一个州冠军，令全国瞩目。之后各种奖项纷至沓来。

这些奖项包括：麦当劳全美最佳球队球员、奈史密斯高中年度最佳球员、佳得乐男篮年度最佳球员。科比在四个赛季共得2883分，这是创纪录的得分。

由于表现出类拔萃，他开始考虑毕业后直接去NBA打球。凯文·加内特（Kevin Garnett）当年放弃上大学，直接加盟明尼苏达森林狼队，为高中球员重新打开了进入NBA之门。科比感到已准备好像迈克尔·乔丹那样在球场驰骋。"我能比他做得更好，"他对朋友说，"我想进入联盟，与这些家伙对决。"

科比·布莱恩特携黑人流行歌手布兰迪参加他的高中毕业舞会。

随着越来越多的人猜测科比会宣布参加NBA选秀，赞助商们也来敲门了，耐克公司和阿迪达斯甚至为了能签下科比而展开竞争。

在劳尔·梅里恩中学体育馆举办的记者招待会上，科比身穿父亲那件不合身的棕色外套，头上戴着太阳镜，面对电视摄像机的灯光。“我决定放弃大学学业，把我的天赋直接带到NBA，”他笑着说，“我知道自己必须加倍努力，我也知道这是向前的一大步，但我能做到。”

他的内心没有任何怀疑。“这是一生中难得的机会，我应该趁年轻抓住它。我不知道自己能否触摸到星星或月亮，还是会从悬崖上摔下来，一切随它去吧。”

这位17岁少年无视传统智慧、想直接进入职业联盟的想法并没有广受赞誉。有些人觉得他太不矜持、太胆大包天了。他这么做太早了！

这些尖酸刻薄的话伤害了科比。他被迫屏蔽了这些噪音，走上了自己选择的道路。当然，这绝不是他最后一次这么做。

他的家人在身边支持着他。“他有自己的目标，我们永远会支持他。”他的母亲帕姆说道。“他是一个超级棒的孩子。”她的丈夫继而补充道，“他知道自己想做什么，而且一定能做到！”

二十年前，乔本人也曾有过这种经历，等待着去NBA打球。他努力证明那些怀疑者是错的。“我一直在这个圈子里，我知道科比即将面临的一切。”他在健身房对记者说，“很多家长都对此毫无头绪。”

乔悄悄地参与成立了“科比公司（Kobe Inc.）”，有人认为科比直接进入职业球员的行列并不是他自己的主意，而是听从父亲的建议。乔否认了这种说法，他只向科比提建议，并不强制他听从自己的意见。

“我和各种人交谈过，也拜访过不少球队的大本营。我认为科比很幸运，有我这样有过NBA经历的人在他身边。嘿，我当然希望看到科比上四年大学，我希望他能上哈佛。”

“但那现实吗？他会在学校待上一两年吗？篮球是科比一直以来的梦想，这是他的人生。”

做出选择后，他们立即就面临一个挑战。如何让一支“NBA球队”相信科比值得他们选择，这个男孩果真拥有足够的技术和能力去对抗成人球员吗？在过去的几十年里，提前加盟NBA的规定有过多次变化。有一个阶段，未来的签约球员必须在高中毕业后再等待四年才能进入联盟。

而在1996年，唯一的阻碍就是识人的智慧。有人认为那种连一年的大学篮球补习班都没上过，就进入NBA的想法，实在是令人生畏的大冒险！乔和他的顾问们着手向大家展示这位大有希望的年轻人，恳请各支球队停止怀疑，至少能来亲眼看看科比的表现，眼见为实。

76人队在即将到来的选秀中拔得头筹。他们希望在自己的家门口，将劳尔·梅里恩高中最好的球员招至麾下，与阿伦·艾弗森（Allen Iverson）和斯蒂芬·马布里（Stephon Marbury）一决高下。这两位球员也曾在他们的视线中，76人队的球探吉恩·卢（Gene Lue）对他们印象深刻。

科比的父母支持他直接进入 NBA 打球的决定。

湖人队总经理杰里·韦斯特 (Jerry West) 和总
教练德尔·哈里斯（Del Harris）欢迎科比加盟。

在《真实的科比》(*Showboat*）一书中谈到这段经历时，吉恩承认，球探希望 76 人队能保持冷静，买下本地球员。“我们在选秀中想要的人就是科比·布莱恩特。”他透露，“我们将这个消息公之于众。如果我当时负责选秀的话，那人选的球员就是科比了。”

“他太不可思议了！他是个很棒的球员。你永远不知道事情会变成什么样子。”但是，76 人队最终选择了艾弗森。结果证明，这确实是个不错的选择。然而，留给科比·布莱恩特的就只有等待了。

一直以来，NBA 的选秀之夜都是谣言和反预测的旋涡。这里有虚张声势，也有幕后交易。多年精心计划与最后时刻凭直觉行动的策略相结合，各种手段在 NBA 选秀中登峰造极。

密尔沃基雄鹿队最初抽到第四顺位，这支球队对科比有很强的吸引力，但他们最终选择了雷·艾伦。排序第八的新泽西网队对科比表现出了浓厚的兴趣，从科比的训练中得到的消息几乎完全是正面的。不过他还是个 17 岁的孩子，就想在 NBA 打球？对前景的猜测显得有些扑朔迷离。

洛杉矶湖人队并不在科比的视线之内。这支球队选秀排序第 24 位，当时湖人队的成绩在积分榜上处于垫底的位置，科比无法想象加盟

科比离开费城的高中教室之后，立即成为一名好莱坞的百万富翁，拥有自己的豪宅。

排名那么靠后的队伍。湖人队传奇的总经理杰里·韦斯特只是为了给科比的经纪人阿恩·特勒姆（Arn Tellem）面子，才来看看科比。但科比给他留下了足够深刻的印象，韦斯特决定再来看一次。

这次湖人队的教练德尔·哈里斯也一起来了，他们来到了位于洛杉矶一条安静街道上的基督教青年会体育馆。科比的表现大放异彩。“我们要带走他。”韦斯特告诉特勒姆。但这一切仍然需要筹码，才能如他所愿。

特勒姆告诉新泽西网队，如果他们在选秀时喊出科比的名字，科比将会接受回意大利打球的邀请。这其实是虚张声势，但却让网队对科比失去了兴趣。

湖人队必须先把底牌藏好，然后再采取进一步行动。在选秀前几个小时，湖人队与夏洛特黄蜂队达成一项交易，如果黄蜂队以其第 13 顺位代表湖人队选择科比，湖人队将把塞尔维亚中锋迪瓦奇（Vlade Divac）让给他们。

在历史上最好的一场选秀中，此举似乎是公平的交易。“我们从来就没想要他。”黄蜂队总经理戴夫·考恩斯（Dave Cowens）宣称。布莱恩特曾经戴着夏洛特黄蜂队的帽子，在新泽西的舞台上一展风采。那是最短暂的一次正式亮相。

科比很快就成了湖人队的一员。由于科比的加盟，湖人队从此脱胎换骨。而黄蜂队只能陷入后悔之中，他们实在是大错特错！

勇夺三连冠

洛杉矶的“鲨鱼和科比年”使湖人队恢复了霸主地位。
但在这期间，赛场内外都发生了激烈的争斗。

赛场角逐

1999 年 12 月 1 日，科比·布莱恩特从湖人替补席走上赛场。他爆发了，在战胜金州勇士队的比赛中砍下 19 分。

他的表现狂放不羁。

“我头痛，我太兴奋了。”他说，“我的头在突突地抽搐着疼。上半时我觉得自己好像吸食了什么东西，无法冷静下来。”

湖人队当时由菲尔·杰克逊（Phil Jackson）执教。在迈克尔·乔丹带领芝加哥公牛队获得六次总冠军的过程中，菲尔·杰克逊一直是那支队伍的总设计师。湖人队需要他的洞察力，同时也需要他身上那种平和的心态，他要求队员们为了球队更好的状态而克制自己。

洛杉矶湖人队尤其需要这一点，特别是球队里拥有科比·布莱恩特和沙奎尔·奥尼尔的时候。在奥尼尔年轻的队友科比被选中的同时，他本人也从奥兰多来到了洛杉矶。奥尼尔是这项运动几十年来最具统治力的大个子，但他的搭档科比却是位早熟、自私的伙伴。虽然科比只是初露锋芒，但却拥有巨大的潜力。这种组合并不令人愉快。奥尼尔身材魁梧，个性与身材相辅相成，而科比则渴望在球场上证明自己与奥尼尔不相上下。他们俩开始了口水战，甚至挥拳相向。“你能看得出来，他们彼此之间都没什么好感。”他们的队友德里克·费舍尔（Derek Fisher）说。在私下里，湖人队的队员们想知道科比是否会走人。

湖人队的球员发现，教练杰克逊能通过不断的挑战和强硬的高水平对抗，把交战双方捏合在一起。他手下这两名队员永远不可能成为好朋

友，也永远不会完全平等。但即使他俩与杰克逊本人关系也起起伏伏，这三人还是赢得了来之不易的休战状态，这使得湖人队 10 年来第一次拥有了问鼎冠军的竞争力。

杰克逊在公开场合对奥尼尔态度强硬。他希望奥尼尔能够帮助别人，而不是仅仅关注自己。他暗示说，科比仍需要成长，但如果他想模仿乔丹，就需要发挥自己的才华。

如果奥尼尔和科比想率领湖人队夺冠，他们必须找到共同点。

“从杰克逊的个性考虑，将这支球队打造成现在这样，需要他的敏锐。”科比说，“他非常挑剔，并且注重细节。我想对于这支球队来说，这正是我们过去所欠缺的。我们往往会忽略一些事情，只看到表面现象。”

随着科比如愿进入五人的首发阵容，他的作用也得到了充分发挥。湖人队连赢 19 场比赛，结束了 1999–2000 赛季常规赛，最终的战绩是 67 胜 15 负，这也是球队加入联盟以来，历史上第二好的战绩。

为了准备季后赛，杰克逊在训练中引入了冥想计划，这有助于缓解队员们始终与追求冠军头衔相伴的精神疲惫。他在芝加哥首创了用电影剪辑的方式对篮球比赛进行编辑，从而表现出不同的比赛场景。“我很喜欢这种方式。”科比说，“有些剪辑非常有趣，有些则值得我们认真对待。”

但比赛却给了科比一个舞台，证明奥尼尔的理论是错误的。

在西部半决赛时，波特兰开拓者队几乎令湖人队惨败。在斯台普斯中心举办的第二场比赛中，由杰克逊在芝加哥执教过的前球星皮蓬（Scottie Pippen）率领的波特兰开拓者队以 106–77 击败了湖人队。科比必须对此做出回应。在第三场比赛平局时，他封盖了阿尔维达斯·萨博尼斯（Arvydas Sabonis）的投篮，而这个球原本可能会将比赛带入加时赛。

湖人队以 93 比 91 取得胜利，总比分 2–1 领先。第四场比赛湖人队以闪电战获胜，总比分 3–1 领先。

湖人队本来有机会乘胜追击，在洛杉矶就结束比赛，但队员们此时却有些手足无措。在波特兰，湖人队第二次取胜的机会又溜走了。恐惧好像已经抑制住了湖人队员的神经。尤其是在决定胜负的第七场比赛，当第四节开始的时候，波特兰开拓者队以 71–58 领先湖人队。

科比和奥尼尔从一片残骸中站了出来，他们俩拼成了一头奔跑中的猛犸象。这次回归使他们的合作关系发生 180 度转变，形成了完美的内突外投。科比的防守奠定了比赛的基调。他先阻止皮蓬将比分差距扩大，随后，他用两次罚球使球队取得比分领先。

决胜时刻来临。科比把球高高抛起，传给了奥尼尔，奥尼尔凌空接力，扣篮得分，此时距离比赛结束还剩 40 秒，湖人队领先 6 分。“我觉得我把球传得太高了，”科比说，“但沙奎尔还是跳起来把球接住了，我当时说了句‘该死！’”湖人队最终以 89 比 84 赢得了胜利，在相隔 9 年之后，进入了总决赛。

拉里·伯德（Larry Bird）深谙夺冠之道。20 世纪 80 年代，他率领波士顿凯尔特人队赢得三次冠军，对手是魔术师约翰逊和他领军的洛杉矶湖人队。这使 NBA 迅速走出了在电视体育赛事转播中被边缘化的阴影，NBA 比赛得以在黄金时段播出。

他当时是印第安纳步行者队的主教练，站在

奥尼尔和科比之间，见证了他们的能力。在第一场比赛中，他的球队由于科比的严防死守而举步维艰，雷吉·米勒 16 投仅 1 中。

步行者开始发动反击，但却并未采取公平竞争的方式。他们的后卫贾伦·罗斯后来透露，当科比起跳时，他故意把脚放在科比的脚下，导致科比脚踝扭伤。但科比一直忍着疼痛坚持比赛，最终湖人队 111–104 险胜对手，以 2–0 领先。但是，科比却拄上了双拐，没有参加第三场比赛，印第安纳步行者队暂时占了便宜。

无论脚部是否疼痛僵硬，科比都无法在第四场比赛时继续袖手旁观。随着奥尼尔六犯出局，科比表现出了英雄气概，湖人队硬是在加时赛中侥幸取胜。虽然步行者队在随后的主场作战时扳回一城，但当第六场比赛在洛杉矶开战时，香槟已经被放进了冰桶里。

杰克逊在比赛前为大家敲鼓，以缓和紧张气氛。湖人队用自己的表现创作出美妙乐章。科比得到 26 分和 10 个篮板。他的队友们也奋勇争先，9 次拿球 9 次得分。“我们找到了一种比赛方式，对手完全阻止不了我们。”杰克逊说。科比最后的罚球拉开了足够的比分差距，湖人队以 116–111 获胜。五颜六色的纸片从天而降，科比和奥尼尔两位巨人也拥抱在了一起。

科比透露了他在赛前几个晚上做的一个梦，他梦见湖人队大获全胜。“今晚，我梦想成真。”他说，“我们拼尽全力，终于获得了属于我们的冠军。”

菲尔·杰克逊鼓励科比成为一名更善于团队合作的球员。

2000 年 NBA 总决赛

第一场： 印第安纳步行者队 87 分　洛杉矶湖人队 104 分

第二场： 印第安纳步行者队 104 分　洛杉矶湖人队 111 分

第三场： 洛杉矶湖人队 91 分　印第安纳步行者队 100 分

第四场： 洛杉矶湖人队 120 分　印第安纳步行者队 118 分（加时赛）

第五场： 洛杉矶湖人队 87 分　印第安纳步行者队 120 分

第六场： 印第安纳步行者队 111 分　洛杉矶湖人队 116 分

洛杉矶湖人队以总比分 4–2 获胜

德雷克·费舍尔可以说是科比在湖人队最亲密的朋友。

2000 年的 NBA 总决赛将洛杉矶湖人队带回了联盟之巅，科比也达到了事业的新高峰。

贾伦·罗斯给科比造成的脚伤几乎迫使他退出 2000 年的总决赛，但科比最终恢复了状态，并发挥了核心作用。

在 1996 年的选秀大会上，艾伦・艾弗森在科比之前被选中。他们在 2001 年的 NBA 总决赛中再次相聚。

双重麻烦

现在，让我们回顾一下 2001-2002 年的情况。和往常一样，比赛幕后有足够多的戏码，连好莱坞都可以来借剧本了。这支球队的缔造者——杰里·韦斯特离开了球队，他似乎在与杰克逊的权力斗争中落败了。奥尼尔因为超重去到了训练营，其他人也有各种状况。

费舍尔很早就受伤了，几乎错过了整个赛季。湖人队勉强打完常规赛后进入了季后赛。科比的内心有一种冲动，他希望增加自己肩上的责任。那一年，他在 12 月前都主导着联盟比赛，人们将他与迈克尔·乔丹相提并论。对于这种说法，奥尼尔似乎是唯一表现得无动于衷的人。但科比反击了："我只想努力打好比赛，如果有人想批评我，就让他们批评好了！"

休战状态再次受到威胁。教练要求科比控制住自己的攻击性。可是他犹豫了，他告诉 ESPN（娱乐与体育节目电视网）的记者："让我在比赛中低调点？我还想更具攻击性呢！我已经进步了。难道想把我关起来吗？那我宁愿离开到别的地方去打球！"

奥尼尔也向科比发起了正面攻击，他指责科比还是很自私。科比反驳说："他不懂防守，而且过于肥胖。"沙奎尔的态度再次摇摆不定，他暗示希望自己的同事科比被球队交易出去。

"你得让我参加比赛。"奥尼尔宣称。"如果我没有出场比赛，比赛就没法打。我是个能得分的大个子，我的进攻无人能敌，我也能做好防守。"杰克逊和这两名球员的关系也起起伏伏。

2001 年，科比在赛中受了伤，他的生活也在这一年发生了新的变化。4 月 18 日，22 岁的科比在洛杉矶外与 18 岁的瓦妮莎·莱恩（Vanessa Laine）举办了婚礼，婚礼的宾客名单中并不包括湖人队的队员和直系亲属。瓦妮莎是位舞蹈演员，在她拍摄视频时偶遇科比。科比当时正短暂地投身于毫无起色的说唱事业，瓦妮莎为科比的生活增加了新的维度。

NBA 季后赛来临之际，出现了更多的干扰因素。但不知为何，科比却找到了一个平静的落脚点。他很乐意成为杰克逊三角进攻战术的推动者，他在第二轮系列赛第三场比赛中独得 36 分，击败了萨克拉门托国王队。

科比和夫人瓦妮莎在
2001 年赛季期间喜结良缘。

在随后的西部决赛的第一场比赛中，科比 35 投 19 中，砍下 45 分，迅速击败圣安东尼奥马刺队（San Antonio Spurs）。“你就是我的偶像。”奥尼尔对他说。湖人队的成功治愈了两人以往的伤口。湖人队以全胜的战绩进入了 NBA 总决赛。湖人后卫里克·福克斯（Rick Fox）说，“作为球员，我们已经学会了彼此尊重，并享受彼此的陪伴。”

他们一起等待了两个星期，直至费城 76 人队和密尔沃基雄鹿队（Milwaukee Bucks）在东部赛区决出高下。艾弗森率领 76 人队取得胜利。

费城 76 人对战他们曾经的宠儿。艾弗森在选秀中领先科比被选中，他在比赛中率先爆发，并在总决赛第一场得了 48 分，抢走了湖人队的主场优势。但当 19 名球员组成的湖人队获得连胜之后，76 人队大失所望。科比的表现出类拔萃。“这就是系列赛。”奥尼尔说，他得了 44 分，但却罚丢了 10 个球。

湖人队发誓要重新排兵布阵。科比早早拿下 8 分，湖人队强势反攻，以 98–89 的比分获胜，科比全场拿下标准的 31 分。湖人队也以同样方式拿下了第三场比赛。

2001 年 NBA 总决赛

一场：费城 76 人队 107 分	洛杉矶湖人队 101（加时赛）
第二场：费城 76 人队 89 分	洛杉矶湖人队 98 分
第三场：洛杉矶湖人队 96 分	费城 76 人队 91 分
第四场：洛杉矶湖人队 100 分	费城 76 人队 86 分
第五场：洛杉矶湖人队 108 分	费城 76 人队 96 分

洛杉矶湖人队以总比分 4–1 赢得系列赛

沙奎尔·奥尼尔戴上了 2001 年湖人队赢得的总冠军戒指。此后，他得到 4 次总冠军，而科比获得过 5 次总冠军。

在第四场比赛中，科比拿下 19 分、9 次助攻和 10 个篮板，差一点获得“三双”，湖人队最终以 100 比 86 战胜对手。“无论 76 人队采取什么战术，我们都会卷土重来。”

随着费城 76 人球迷们的情绪越发热烈，科比再次听到了嘘声和讥笑声，但他很快让现场球迷安静了下来。在这场 100 比 86 的对决中，科比得了 26 分。赛后，当队友们在更衣室里跳舞庆祝时，他只是静静地坐着。在夺取冠军的系列赛结束时，他的激情已经荡然无存。“这是一个漫长的赛季。”他说，“我感觉已经被吸干了。无论是在情绪上、身体上还是精神上，我都筋疲力尽。”

三连冠

2001 年 9 月，美国的氛围是阴郁的。“9 · 11”袭击使整个国家处于紧张不安之中。奥尼尔因脚趾受伤错过了训练营，杰克逊因母亲去世伤心不已。科比 · 布莱恩特埋葬了他的祖父。球场成了他的避难所。此时，湖人队的队员们感觉异常团结。

杰克逊提醒他的团队，最伟大的王朝都实现过三连冠，其中包括 20 世纪 50 年代的明尼阿波利斯湖人队，20 世纪 60 年代的波士顿凯尔特人队（九连冠），还有 20 世纪 90 年代的芝加哥公牛队。以湖人队在常规赛中 58 胜 14 负的战绩，他感觉到这支球队可能会再次一骑绝尘。

波特兰开拓者队在第一轮就被横扫。在与圣 · 安东尼奥马刺队进行的西部半决赛中，科比扮演了关键的角色。“他有着出色的天赋。”马刺队教练波波维奇说，“他就像以前离开赛场的人一样。科比与迈克尔 · 乔丹（Michael Jordan）完全一样，有赢得比赛的强烈愿望。”

经典的系列赛就在眼前。萨克拉门托国王队将克里斯 · 韦伯（Chris Webber）、佩贾 · 斯托亚科维奇（Peja Stojakovic）和多年前曾促使科比来到洛杉矶的弗拉德 · 迪瓦茨（Vlade Divac）三名球员收入麾下。国王队以 2–1 领先，他们在几秒钟内就投进一球，而奥尼尔和科比却在最后时刻相继投篮不中。

两场领先，国王队眼看着迪瓦茨企图以伤人的方式抢篮板球，然而球却鬼使神差地落到了罗伯特 · 霍里手里，他在终场蜂鸣声响起的时刻，投出了一记三分球。这真是一家欢喜一家愁，这记球就像一把利刃插进了萨克拉门托国王队的心窝。在第七场比赛中，湖人队继续狂虐萨克拉门托国王队，终于锁定了在 2002 年 NBA 总决赛中与新泽西网队（New Jersey Nets）展开对决的席位。

“这种感觉太棒了！我们有返败为胜的机会了！”科比说，“国王队的篮球打得很好。他们打得比我们更好。”

事实是，新泽西网队根本不是湖人队的对手。奥尼尔连续第三个赛季获得 NBA 总决赛的最有价值球员（MVP）称号，他平均每场拿下 36.3 分。在第三场比赛中，科比摆脱了基德的防守，砍下 36 分。在第四场比赛中，科比在第 4 节拿下 11 分，凸显了他无情终结者的地位。湖

包括“蜘蛛侠”的扮演者托比·马奎尔（Tobey Maguire）在内的湖人队球迷，共同见证了这个冠军王朝。

洛杉矶湖人队的主教练菲尔·杰克逊将一群才华各异的球员聚在一起打球，他在这方面发挥着核心作用。

人队夺得三连冠，取得了史上最好成绩。

“谈到第一个冠军，它是全新的，这种新奇的感觉真好。”科比说，“第一个冠军永远是最好的。”

“至于第二个冠军，我们在这一年中所经历的艰难困苦使这个冠军很特别。这证明冠军确实应该属于我们。”

“第三个冠军呢？这个冠军标志着我们这支球队是有史以来最伟大的球队之一。”他补充说。

在经历了一系列的纷争和危机之后，紫金军团响起了再次夺取总冠军戒指的呼声。恰巧，科比也想要得到更多。每个镶有钻石的纪念品都只是对过往的记忆，而不是对灿烂未来的保证。

“我有一个保险箱，”他透露，“我把冠军戒指都放在保险箱里，我并不佩戴它；我只戴过一次，就是我们得到戒指的那个晚上，NBA 揭幕战之夜。”

“我戴上它，高高兴兴地走出去。但在那之后，我就把它放进了保险箱，让它与其它戒指为伴，我不会去碰它，也不会看它。我们要专注夺取下一个冠军！”

2002 年 NBA 总决赛

第一场：新泽西网队 94 分　洛杉矶湖人队 99 分

第二场：新泽西网队 93 分　洛杉矶湖人队 106 分

第三场：洛杉矶湖人队 106 分　新泽西网队 103 分

第四场：洛杉矶湖人队 113 分　新泽西网队 107 分

洛杉矶湖人队以总比分 4-0 赢得系列赛

湖人队击退了包括姚明所在的休斯顿火箭队在内的一系列挑战者，后卫瑞克·福克斯是湖人队关键的防守队员。

2002 年，湖人队横扫新泽西网队，连续三次获得 NBA 总冠军头衔。

最艰难的一年

在体育比赛中，“无敌”是一个神话。即使是最伟大的球员、最伟大的球队，也不可能永远获胜。

人类是容易犯错的，他们也会变老

在连续获得三个总冠军后，湖人队在尚未取得四连胜的时候就受到了冲击。即便如此，菲尔·杰克逊和他的球员们还是开启了 2003-2004 赛季的征程，他们有充分的理由相信，湖人队将会重回榜首。

湖人队主教练菲尔·杰克逊表示，由于目前他的球队所面临的困境，连进入总决赛都将是个“灰姑娘的故事”。

然而，科比的纯真时代已经结束了。篮球场外的法律纠纷使他的光芒黯然失色。他现在已经不是小孩了，而是一个要对自己行为负责的成年人。这一切似乎改变了他的人物角色。

他手臂上刺满了纹身，人也多了些许戒心。他被各种疯狂的事件包围，而篮圈则让他理智回归。

“当我踏上篮球场时，更像是一种逃避。”他解释道，“我要找点乐子。我只想打篮球。篮球场是我从六岁起就熟悉的地方，我在那儿感觉很好。”

“你必须要把篮球和其他事情分隔开，这项运动玩起来太有趣了。你就当是放松，这种感觉很享受。”

“就随它去吧。这是我从菲尔那里学来的方法。这样才能活在当下，过好每天的生活。”

让他最快乐的地方是哪儿？“训练，打比赛。与打比赛相比，我更喜欢训练。我一直很喜欢这部分。”

竞技场不只是围着科比转。在失去总冠军头衔之后，湖人重新调整了阵容，增加了卡尔·马龙（Karl Malone）与加里·佩顿（Gary Payton）这两位 NBA 资深后卫，他们为了能在退役前戴上总冠军戒指，接受了大幅降薪。当时，世界上最好的两名篮球运动员已经在等候他们，尽管有些事情让科比分心，但没有什么比总冠军头衔更令人期待。

四位巨星，一个篮球

科比很快就发现球队里的冲突层出不穷。“这个赛季就像坐过山车一样。”他承认。人们能看出球队有幕后争吵的迹象，大牌球员的自负也一触即发。

这些前 NBA 冠军队球员看起来就像一群蠢货。

2004 年 NBA 总决赛中，底特律活塞队击败了洛杉矶湖人队，活塞队球员昌西 · 比卢普斯（Chauncey Billups）也成为最有价值球员。

那个赛季，就连湖人队的球迷们都厌倦了场内场外的种种纷争。

不过，宏伟的计划正在慢慢实现。湖人队赢得了分赛区冠军。尽管他们在季后赛中被对手压得喘不过气来，最终还是进入了总决赛。湖人队的对手就是底特律活塞队。

科比的状态比以往任何时候都要好。他和杰克逊之间甚至达成了一种不稳定的休战状态。作为湖人队的主教练，杰克逊最重要的角色就是成为那个至高无上的激励者。他曾经教导迈克尔·乔丹要把整个球队放在个人之前，把乔丹从一名伟大的球员变成有史以来最伟大的球员。

尽管如此，科比和杰克逊有时仍有冲突。“我们的关系一直起伏不定，但我们还是在夺冠过程中，努力取得了成功。”科比承认。

“我非常尊敬菲尔，因为他很了解篮球比赛，他的领导才华能够指导球队达到最高水平。”

“我和菲尔的关系一直有点儿折腾，因为他知道我喜欢向一切发起挑战，挑战一切。”

“比方说，如果他说‘把球运到赛场那端的底线’，我就会问‘为什么？那有什么用？’这就是我的思维方式。因为我想学习。我们的关系一直如此，我不明白为什么要改变。”

在洛杉矶湖人队前途未卜之时，科比首次有机会以自由球员身份进行交易，而这也引发了紧张气氛。他对此没有提供任何线索。连他在湖人队阵容中最亲密的盟友费舍尔也没有得到任何暗示。费舍尔只是强调科比有选择留下或离开的权利。

“因为科比有自己的目标，而我们随意去评

2004 年 NBA 总决赛

第一场：底特律活塞队 87 分，洛杉矶湖人队 75 分

第二场：底特律活塞队 91 分，洛杉矶湖人队 99 分（加时赛）

第三场：洛杉矶湖人队 68 分，底特律活塞队 88 分

第四场：洛杉矶湖人队 80 分，底特律活塞队 88 分

第五场：洛杉矶湖人队 87 分，底特律活塞队 100 分

底特律活塞队以 4-1 的总比分获胜

判他，这么做是否公平呢？他还在追求目标，美国人都会追求自己的梦想。有时候，这就意味着要违背大多数人的意愿，不做其他人认为你应该做的事情，而去做你认为对自己最有利的事情，去做你心里觉得正确的事情。”

在一片喧闹声中，底特律活塞队却在不被关注的情况下意外赢得了比赛。湖人队的进攻和纯粹的明星统治力本应该让比赛变得轻松，然而恰恰相反，科比在整个赛季都不得不去处理法务干扰，还要在比赛期间奔波。赛季结束的时候，底特律活塞队粗野的防守帮他们打破了湖人队的胜算。

科比在第四节比赛还剩 2.1 秒结束时的三分球，将第二场比赛推入加时赛，但这是湖人队唯一的胜利。他们的对手在总决赛中一路高歌猛进，以 4∶1 的比分赢得总决赛，震惊了整个篮球界。

“我们没有完成任务。”科比说，“对手进入了总决赛，并且让我们拼尽全力。他们全心投入比赛，付出了最大的努力。”

马龙在比赛中受了伤。和佩顿一样，他已经过了职业巅峰期。奥尼尔的表现依然很出色，但却没有得到足够的帮助。尽管科比在那次季后赛中每场平均拿下 24.5 分，但他并不能为失败找到真正的借口。

“你知道，当我做梦的时候，我总是梦见胜利，从来不会梦到输球。你知道吗，他们打得实在太好了。他们训练得非常好，战术执行得非常好，比赛中打得很努力。他们的打法很正确，理应获得今年的冠军。”

杰克逊承认，对湖人队而言，处理科比的戏剧化事件以及其它问题，确实是巨大的挑战。“在这一年中，我们克服了很多困难。这支队伍现在取得的成绩简直就是一个灰姑娘的故事。”

在刚刚 25 岁的时候，科比有太多事情需要反复考虑。他最终选择留在洛杉矶。他强调说，所有的起起落落并没有像人们想象的那样影响他。

“我和其他人的看法不同。我想我们都变了。每个人都要经历自己的考验，无论是好是坏。无论你多大，这是个不断成长的过程。”

经历了这次失败的痛苦，他想出人头地的冲动变得愈发强烈了。

LAKERS
8
LAKERS
11
NBA

科比·布莱恩特、卡尔·马龙、沙奎尔·奥尼尔和加里·佩顿被人们视作“不可阻挡的四重奏”。然而，这些未来的名人堂成员却失去了动力。

曼巴精神

科比给自己起了个“黑曼巴”的绰号。
与其说这是个绰号，还不如说是科比精神状态的另一种体现。

科比说“曼巴精神”是一种精神状态。2004年，为了找寻内在的力量，应对赛场外一些令他烦心的事情，科比自创了这种说法。

科比的童年舒适悠闲。他进入 NBA 后的人生轨迹一路飙升，狂揽各种奖杯并获得多次总冠军头衔，赢得一片赞誉。可是突然之间，他却需要第一次面对逆境和尖锐的批评。

他在自己拍摄的短片《缪斯》中透露，生活节奏的变化几乎让他崩溃。“我曾处于事业巅峰、任何事情都顺风顺水。但在一年后，我却完全不知道生活将走向何方，甚至不知道自己生活的意义何在。”

他需要某种韧性和力量，需要一种能在心理上将他与周围不正常的世界分离的方法，这种方法要有一个全新的形象，让自己拥有抵抗和击退各种威胁的能力。

在观看昆汀·塔伦蒂诺（Quentin Tarantino）执导的电影《杀死比尔》的时候，他看到刺客用一条黑曼巴蛇作为杀人机器。

他心想，那条黑曼巴蛇就是我。

新形象的诞生

“我不得不分割我自己。”科比在一次采访中解释道，“那种感觉就像有那么多事情同时到来。生活变得非常令人困惑。我不得不去安排一些事情。于是我创造出了‘黑曼巴’。”

当然，蛇也会蜕皮。科比的纯真时代已经结束。当时还有这样的迹象：他与年轻妻子瓦妮莎的婚姻似乎将走到终点，他的家庭将会变得四分五裂。

全新的形象和重新定义的自我意识很适合科比。他以往的形象被彻底抛弃了。“曼巴”为他提供了一个再造自我的平台。更顽强、更坚韧，在强烈的聚光灯下汗流浃背，然后再生龙活虎地从他投下的阴影中出现。

然而，曼巴精神变成了一种更强大的野兽。它塑造了科比与他人的互动方式。包括他所设定的目标，这甚至成为区分一位富有的、知名运动员所拥有的世界，与只拥有财富的普通家庭的方式。

曼巴精神彻底改变了科比对篮球、商业、生活的态度。如果他以前是一位颇有吸引力的人物，现在的他则更加耀眼。

他积极地专注于提升自己的智力和体能，使自己变得坚不可摧。他既研究自己也研究对手，把自己的学习热情转化为篮球水平的提升。

在他的体内，这种能力可能已经潜藏许久了。

“谈到篮球，我没有任何恐惧。”他在自传《曼巴精神》(*The Mamba Mentality*) 中强调。

“我的意思是，如果我想在篮球运动中运用一些新东西，我会马上尝试将其带入比赛。我并不害怕投篮不中，也不害怕看起来状态糟糕，或者感到尴尬。”

“那是因为我总是把最后的结果，漫长的比赛记在心里。我必须尝试点什么去赢得最后的胜利，我总是把注意力集中在这上面。一旦我掌握了这项技巧，我的军火库里就会又多了一件武器。”

“如果这件事的代价是付出更多努力和投篮不中，对我来说也没什么。”

深刻的反思也改变了科比的行事方法。他仍然有个人主义，场上表现依然激烈勇猛，但他慢慢地向自己的队友，甚至向自己的对手，敞开了心扉。

黑曼巴不仅成为科比的象征，而且拥有了自己的生命力。

科比以他的“第二自我”命名了他在加州设立的青年体育学院。

这当然是一个成熟的过程。但科比也试图将自己的天赋转化为某种东西，而不仅仅是追求得分和奖项。

“我并不会说，这些年来我的领袖风格有所改变。”他补充说。

“我喜欢挑战别人，让他们不舒服。这就是能让我自我反省的原因，也是令我进步的原因。我敢于成为最好的自己。”

“这种方法从未动摇过。然而，我所做的调整是如何在面对不同的球员时，改变自己的方法。我仍然会挑战每个人，让他们不舒服，但会采用一种为他们量身打造的方式。”

“为了清楚地了解哪种方式对谁最有效，我开始做功课。我观察他们的表现，了解他们的经历，倾听他们的目标。我了解到什么让他们感到安全，他们最大的疑虑又是什么。”

“一旦我理解了他们，我就能在正确的时间给他们正确的刺激，帮助他们发挥出最佳的状态。”

曼巴品牌成为了科比世界的一部分，也成为他思维方式的一部分。这是他的个人文化，他的痴迷所在，也是他的成长基础。

开始的时候，它像个避风港，为科比躲避各种麻烦和冲突。但到了最后，曼巴精神让科比打开了自己的思想，让知识喷涌而出。

关键数字

对科比来说，有一些数字意义非凡。

4

科比和他的妻子瓦妮莎相遇时，瓦妮莎是一档音乐视频节目中的舞者。他们于 2001 年结婚，育有 4 个女儿：娜塔利娅·戴梦特·布莱恩特（Natalia Diamante Bryant）、吉安娜·玛丽亚－奥诺·布莱恩特（Gianna Maria–Onore Bryant）、比安卡·贝拉·布莱恩特（Bianka Bella Bryant）和卡普里·科比·布莱恩特（Capri Kobe Bryant）。不幸的是，吉安娜和科比一起在直升机失事中遇难身亡，而卡普里当时只有七个月大。

8 和 24

为了在新的时代有一个崭新的开始，科比在 2006–2007 赛季将他的湖人队球衣从 8 号换成了 24 号。

这并不是他第一次选择这个数字，他在劳尔·梅里恩高中开始打篮球时，就穿着 24 号队服，后来换成了 33 号。

“24 是象征成长的数字。”他告诉娱乐与体育电视网（ESPN），“我的身体状态与以往不同，但成熟度更高了。我结了婚，有了孩子。现在，作为球队中年龄较大的球员，我开始有更广阔的视野。”

科比·布莱恩特身披 8 号战袍拿下了 16777 分，身披 24 号队服时得到了 16866 分。这是近乎完美的匹配。

科比和家人一起目送他的两个球衣号码升至斯台普斯中心的屋顶。

科比在防守达拉斯小牛队的肖恩·马里恩(Shawn Marion)。

12

众所周知，科比是一名优秀的得分手，他也是那个时代最好的防守球员之一。他 12 次被提名进入联盟全能防守阵容。此外，他还 34 次获得“NBA 西部赛区最佳月度球员”称号。

395

NBA 在每年圣诞节当天都会举办篮球比赛，让最优秀、最受欢迎的球队出战。科比在 12 月 25 日这天的出场次数最多——16 场，得分也最多——395 分。

48,637

科比 NBA 常规赛的上场时间排名第七，为 48637 分钟；季后赛的上场时间排名第四，为 8641 分钟；再加上他季前赛的上场时间，他在联盟中的上场时间超过了 1000 小时，相当于 41 天。

18

作为 NBA 赛场上最年轻的球员，科比也创造了其他的年龄记录：他在 18 岁 169 天时，成为 NBA 灌篮锦标赛上最年轻的冠军；他在 19 岁 169 天时，成为全明星赛中最年轻的首发球员。

20

科比的整个职业生涯都为洛杉矶湖人队效力。此前，没有人在一支 NBA 球队中连续度过多个赛季，直至德克·诺维茨基（Dirk Nowitzki）于 2019 年超过了科比，德克在达拉斯小牛队度过了他的第 21 个、也是最后一个赛季。

科比和德克：只为一家俱乐部效力的球员。

科比创造的数字记录使他与魔术师约翰逊（左）和贾巴尔（右）一起成为湖人队的传奇。

33,643

科比以 33,643 分的成绩在 NBA 历史得分榜上排名第三，直到他去世前 24 小时，这个成绩才被勒布朗·詹姆斯超越。另外两名前湖人队球员名列得分榜前两位，他们是卡里姆·阿卜杜·贾巴尔（Kareem Abdul Jabbar）和卡尔·马龙。科比的助攻排名第 31，抢断排名第 16，失误排名第 4。

最棒的 8 号

不管是穿 8 号还是 24 号队服，科比都是一台得分机器，他能让对手俯首称臣。他创造的那些最伟大的夜晚，将作为 NBA 历史上最辉煌的时刻，载入史册。

2000 年 6 月 14 日

湖人队 120 分　印第安纳步行者队 118 分

在战胜了萨克拉门托国王队（Sacramento Kings）、圣安东尼奥马刺队（San Antonio Spurs）和波特兰开拓者队（Portland Trail Blazers）之后，洛杉矶湖人队开始了新千年的征程，科比首次在 NBA 总决赛上出场，这也是湖人队 19 年来第一次进入总决赛。

印第安纳步行者队（Indiana Pacers）和他们的投篮明星雷吉·米勒（Reggie Miller）都以逸待劳。当科比与脚踝伤痛抗争时，湖人队在洛杉矶举行的两场揭幕战中，作出了以奥尼尔挂帅，霍瑞、莱斯和费舍尔等助阵的排兵布阵。

步行者队拿下了第 3 场比赛。他们本以为能在七场系列赛中稳操胜券。但科比·布莱恩特却有别的想法。当奥尼尔拿下 36 分和 21 个篮板，在加时赛中六犯出局时，科比满血复活了。在加时赛还剩 5.9 秒的时候，他投中了三个关键球，全场贡献了 28 分、4 个篮板和 5 次助攻，实现了大逆转，并锁定胜局。

接下来湖人队乘胜追击，以 4 比 2 赢得了系列赛。科比赢得了他的第一个总冠军，这也证明他才是关键时刻的王者。

上场时间 Min	投篮命中 FG	投篮次数 FGA	3 分球命中 3P	3 分球出手 3PA	罚球得分 FT	罚球次数 FTA	前场篮板 ORB	后场篮板 DRB	篮板总数 TRB	助攻 AST	抢断 STL	封盖 BLK	失误 TOV	犯规次数 PF	得分 PTS
46 : 49	14	27	0	0	0	0	0	0	4	5	1	2	3	4	28

科比·布莱恩特希望终结步行者队前进的步伐。

多年来，步行者队的雷吉·米勒和科比总会在场上拉扯争斗。

1998年2月8日

纽约全明星赛

科比·布莱恩特在联盟的第二个赛季入选西部联盟的首发阵容，他来到纽约，就是为了证明他属于NBA真正的精英团队。在那里等待他的是迈克尔·乔丹。当时的乔丹注定将率领芝加哥公牛队夺得他六个总冠军的最后一个，并结束整个赛季。

篮球大师将对阵科比这位桀骜不羁、胸怀壮志的年轻人。

乔丹在比赛前得了流感，感到筋疲力尽。他心中理想的情况是，他只需短暂上场，然后就能下场好好休息。然而，这位19岁的年轻人却将乔丹逼了出来，把这场年度表演赛变成了代际之间的经典之战。

乔丹曾五次获得最有价值球员（MVP）称号，科比很崇拜乔丹的竞争精神以及他傲视群雄、近乎傲慢的优越感。

科比觉得这就像他自己一样。乔丹似乎也感觉到了这一点，因为这位负责在场上拦截他的年轻人无时无刻不在纠缠着他。

“他直冲着我来了。”乔丹在这场比赛后的电视采访上说，“这就是他的策略。如果我知道有人病了，我要做的第一件事肯定是纠缠他。”

他们俩在场上一对一展开厮杀，乔丹上场32分钟，拿下23分，并将他的第三座全明星MVP奖杯收入囊中。科比只打了22分钟，拿下18分和6个篮板。

伟大的球员们欢迎科比加入他们的行列！

上场时间 Min	投篮命中 FG	投篮次数 FGA	3分球命中 3P	3分出手 3PA	罚球得分 FT	罚球次数 FTA	前场篮板 ORB	后场篮板 DRB	篮板总数 TRB	助攻 AST	抢断 STL	封盖 BLK	失误 TOV	犯规次数 PF	得分 PTS
22：00	7	16	2	3	2	2	2	4	6	1	2	0	1	1	18

迈克尔·乔丹带病参赛，这才确保了科比未能在 1998 年纽约全明星赛的颁奖礼上发表获胜感言。

2002 年 2 月 10 日

费城全明星赛

这场比赛本应该是为科比这个本地孩子衣锦还乡举办的庆祝活动。然而恰恰相反，科比在费城受到了前所未有的冷遇，这里的球迷表达情绪的方式简单直接、毫不留情，这也令他们声名狼藉。

费城人并没有原谅科比在 2001 年 NBA 总决赛中击败 76 人队，也没有原谅他决心手撕对手的豪言壮语。比赛中每当他接触到篮球，场上就嘘声不断。在科比出生的城市，球迷的这种表现非常伤人。

“我很难过，感到很受伤害。”科比说。“我只想去那里打球，好好打球，但他们却发出嘘声。要知道，我很愿意回家。尽管他们这么对我，我仍然喜欢在费城打球。”

面对由费城 76 人队的后卫艾弗森（Allen Iverson）和年轻的麦迪（Trauy Mc Grady）率领的东部队，西部队取得了较大的优势，他们本可以轻松取胜。但科比却另有打算，他狂砍 31 分，通过这场 135 比 120 的胜利，收获了自己第一个全明星 MVP 称号。

“我为他感到难过。”艾弗森说，“我真的感到很难过，因为在这样快乐的时刻，你本来只想享受它，但观众却对科比发出嘘声，嘘声带走了科比的欢乐，因为他就是费城人。”

上场时间 Min	投篮命中 FG	投篮次数 FGA	3 分球命中 3P	3 分球出手 3PA	罚球得分 FT	罚球次数 FTA	前场篮板 ORB	防守运球 DRB	篮板总数 TRB	助攻 AST	抢断 STL	封盖 BLK	失误 TOV	犯规次数 PF	得分 PTS
30：00	12	25	0	4	7	7	2	3	5	5	1	0	0	2	31

科比·布莱恩特喜欢微笑，但是他在费城受到的待遇触动了他的神经，激励他赢得了自己的首个全明星赛 MVP 称号。

2007 年 4 月 15 日

湖人队 109 分　西雅图超音速队 98 分

科比总是可以按需得分。在一个又一个赛季中，他的竞技水平无疑远超队友，问题不在于他是否会爆发，而是他何时会爆发。

在西雅图的这个晚春之夜，科比的后仰跳投几乎从未失手。他对篮框的突破如入无人之境，这绝非那种只是投篮就够了的比赛。

在取得第一节比赛的优势后，科比在 42 分钟的上场时间内，25 投 18 中，加上 11 个罚球得分，高效地得到 50 分。他的球队中没有其他队员的得分超过 14 分。

尽管这支阵容不整的湖人队在几周后的第一轮季后赛中被淘汰出局，但他们的这位顶梁柱已留下了自己的印记。

上场时间 Min	投篮命中 FG	投篮次数 FGA	3 分球命中 3P	3 分球出手 3PA	罚球得分 FT	罚球次数 FTA	进攻篮板 ORB	防守篮板 DRB	篮板总数 TRB	助攻 AST	抢断 STL	封盖 BLK	失误 TOV	犯规次数 PF	得分 PTS
42：05	18	25	3	6	11	13	2	6	8	3	2	0	1	2	50

科比在对阵西雅图超音速队时拿下50分。在这个赛季中，他成为NBA历史上得分超过17000分的最年轻球员。

在朋友、家人和前队友的簇拥下，科比在最后一次出场比赛后告别了湖人队。

爵士队的一些球员比科比年轻将近 20 岁，但他们仍然发现他是位不可阻挡的对手。

2016 年 4 月 13 日

犹他爵士队 96 分　湖人队 101 分

谢谢，晚安！

科比希望以自己成名的风格告别 NBA 赛场，这一点并不奇怪。

可以说，他效力的湖人队当时的状态非常差，整个赛季只赢了 16 场比赛。在他最后一场比赛中，科比激情四射，率领湖人队斩获一场胜利，他全场拿下 60 分，其中第四节砍下 23 分，全场喝彩声此起彼伏。

这项艰巨的任务需要 50 次投篮，这也是科比整个职业生涯中投篮次数最多的一场比赛。在 42 分钟多一点的上场时间里，他让计时器反复回调，直至让它彻底停摆。

“很难相信比赛以这种方式进行。”科比说道，“对此我仍然感到震惊。”

“完美的结局应该是获得冠军。但是今晚我只想上场，努力比赛，尽我最大的努力上演一场好戏。能在最后一场比赛中做到这一切，我感觉非常好。”

上场时间 Min	投篮命中 FG	投篮次数 FGA	3 分球命中 3P	3 分球出手 3PA	罚球得分 FT	罚球次数 FTA	前场篮板 ORB	后场篮板 DRB	篮板总数 TRB	助攻 AST	抢断 STL	封盖 BLK	失误 TOV	犯规次数 PF	得分 PTS
42：09	22	50	6	21	10	12	0	4	4	4	1	1	2	1	60

'53
'52
'50
BRYANT
24
'09

斯台普斯中心体育馆场地中央的圆圈展示了科比所留下的冠军遗产。在这最后一场比赛中，他身披金黄色球衣参赛，以 60 分的个人得分给我们留下了永久的记忆。然后，他转身告别。

2009 年 2 月 2 日

湖人队 126 分　纽约尼克斯队 117 分

世人瞩目之地

在纽约这座不夜城，篮球在许多人心里占据着核心地位。麦迪逊广场花园球馆更自诩是世界上最著名的竞技场。

在这个二月的晚上，科比来到纽约，上演了一场表演秀。他肆意驰骋，运球随心所欲，将对手打得落花流水。

他就是想拿到球！他不停地要球！在短短 6 分钟的时间里，他轻松赢得 13 分，他的表现让纽约球迷的冷嘲热讽戛然而止。

在对阵纽约尼克斯队的比赛中，科比·布莱恩特勇不可挡，砍下 61 分。

他几乎没有放慢节奏

在 36 分多钟的时间里，他把倒霉的尼克斯队打得溃不成军，31 投 19 中，罚球 20 投 20 中。他在罚球线上创造了一个完美的 20 投 20 中的记录。这个记录只被追平过，但从未被打破。

半场结束时他拿下 34 分；全场比赛结束时，他得了 61 分。这是迄今为止在那座神话般的古老建筑里的最高得分，科比赢得了麦迪逊广场花园球馆观众们的喝彩。

“在生命中能做自己喜欢的事情，并拥有这样的时刻，实在是一种祝福。”科比后来说。

“这个地方很特别，虽然球迷们会在整场比赛中对你发出嘘声，但他们很欣赏这场比赛。我认为今晚，能从这些球迷那里得到赞许，真是感觉太好了，因为正如他们所说，‘我们喜欢你所做的一切。’”

“这是一场伟大的比赛，对他们来说，欢庆胜利的感觉太棒了！”

上场时间 Min	投篮命中 FG	投篮次数 FGA	3 分球命中 3P	3 分球出手 3PA	罚球得分 FT	罚球次数 FTA	前场篮板 ORB	后场篮板 DRB	篮板总数 TRB	助攻 AST	抢断 STL	盖封 BLK	失误 TOV	犯规次数 PF	得分 PTS
36：48	19	31	3	6	20	20	0	0	0	3	0	1	2	1	61

即使是未来的MVP诺维茨基（Dirk Nowitzki），也无法阻止科比在辉煌的三节比赛中横扫小牛队。

2005年12月20日

达拉斯小牛队90分　湖人队112分

这是第三节比赛结束的时刻。在进军2006年总决赛征途上，达拉斯小牛队以NBA最好的记录之一，此时已得到61分。

科比·布莱恩特坚决与之抗衡，他凭借一己之力，独自得到61分。湖人队以95-61领先，并将优势一直保持下去。他们的得分后卫已坐在了场边，他的贡献已经足以为湖人队赢得一场轻松的胜利。

科比场上投篮31投18中，在罚球线上25投22中。“又一个那样的夜晚。”他耸耸肩说道。

他还有8个篮板球入账，但助攻次数为零，这也凸显了他“独行侠”的使命。

上场时间 Min	投篮命中 FG	投篮次数 FGA	3分球命中 3P	3分球出手 3PA	罚球得分 FT	罚球次数 FTA	前场篮板 ORB	后场篮板 DRB	篮板总数 TRB	助攻 AST	抢断 STL	封盖 BLK	失误 TOV	犯规次数 PF	得分 PTS
32：53	18	31	4	10	22	25	3	5	8	0	3	0	2	3	62

科比凌空扣篮。

2006 年 1 月 22 日

多伦多猛龙队 104 分　湖人队 122 分

41 分 56 秒！令人难以忘怀、无比振奋的辉煌时刻

这也许是科比完美职业生涯中最棒的场景。截至 2006 年冬，科比已经斩获了许多奖项。就连他自己也从未想过会发生这样的事。“我做梦也没想到过。”他坦言。

科比凶猛的力量如飓风一般横扫斯台普斯中心体育场，他砍下 81 分，仅比 1962 年张伯伦在费城勇士队对阵尼克斯队时得到的 100 分少 19 分。张伯伦的这个成绩将标杆提升到了令人难以企及的高度。科比不可思议地创造了 NBA 历史上第二高的得分。

他在场上投篮 46 次，其中 28 次转换为进球（60.9%），包括 7 个三分球。他在罚球线上的罚球 20 投 18 中。对于状态糟糕的湖人队来说，这是一场重要的胜利，斯马什・帕克（Smush Parker）、克里斯・米姆（Chris Mihvn）、夸梅・布朗（Kwame Brown）都是科比的首发搭档。

拥有克里斯・波什（Chris Bosh）和杰伦・罗斯（Jalen Bosh）的多伦多猛龙队在半场结束时以 63–49 领先，科比当时只得了 26 分，湖人队取胜看起来不大可能。

“我觉得我们有点昏昏欲睡，于是我开始全力以赴。”他说道，“这场比赛开始变得很特殊，而我只想继续乘风破浪，努力打击对手的士气。”

在第三节的比赛中，科比得了 27 分，超过了多伦多猛龙队全队的得分 22 分。这场单打独斗的力量表演秀一直持续到科比离开赛场，当时比赛时间还剩 4.2 秒。球场的解说员呼吁球迷们保存好门票，作为他们见证历史的证明。

“这是为数不多的几次我感觉自己更像位球迷，而不是他的队友。”科比湖人队的同事（也是未来的主教练）卢克・沃尔顿（Luke Walton）承认，“比赛结束后，我让他给我一张球票签名。”

“太不可思议了。你抬头看到记分牌，上面是 72 分，然后 78 分，然后突然间它变为 80 分，看起来记分牌好像坏了。直到我回到家，回看比赛录像的时候，我才完全看明白。”

菲尔・杰克逊补充道，“这场比赛令人精疲力竭。这太神奇了！这孩子太令人难以置信了。”

张伯伦著名的“100 分照片”在名人堂占有一席之地。科比・布莱恩特也收到一份得分统计表，留作纪念。他希望自己能有什么东西值得回顾。

不可思议的表现

“我已经在脑海里反复思考了好几次，我真的没有什么好解释。”他后来证实说。

“我总是可以从进攻和防守的角度来解释，从训练的角度来分析。”

“但当这样的夜晚出现时，一切就显得有些神秘了。”

上场时间 Min	投篮命中 FG	投篮次数 FGA	3 分球命中 3P	3 分球出手 3PA	罚球得分 FT	罚球次数 FTA	前场篮板 ORB	后场篮板 DRB	篮板总数 TRB	助攻 AST	抢断 STL	封盖 BLK	失误 TOV	犯规次数 PF	得分 PTS
41：56	28	46	7	13	18	20	2	4	6	2	3	1	3	1	81

正如多伦多猛龙队一次又一次感受到的那样，你可以试着追上科比，但却几乎不可能阻止他。在 2006 年对阵猛龙的比赛中，他砍下的 81 分多年之后仍然令人难忘。

STAPLES
NHL
TOYOTA
NHL
RAPTORS

巅峰对决

科比对篮球运动的发展高度敏锐，他将自己与最好的球员进行比较。尽管他希望击败所有人，但总有些对手能将标准提升得更高，令大多数人望尘莫及。

迈克尔·乔丹（Michael Jordan）

科比把迈克尔·乔丹视为自己的标杆。无论是在获得总冠军头衔方面、得分方面，还是在个人风格和影响力方面都是如此。如果说乔丹是有史以来赛场上最优秀的球员，那么，尽管尚存争议，科比也是最接近乔丹的后来者，他是一位纯粹而冷静的竞争对手。

科比在乔丹率领的芝加哥公牛队夺冠的最后时刻进入 NBA 联盟，他所在的湖人队在两年内四次对阵公牛队，双方比分为 2∶2，这四场比赛，科比都是替补出场。

在乔丹率领华盛顿奇才队与湖人队的最后一场较量中，科比得了 55 分。

最醒目的还是那些令人震惊的数字。让科比感到不安的是，乔丹获得了六次冠军头衔，科比却比他少了一个。但在 NBA 的倒数第二年，科比确实超越了这位“空中传奇”，成为联盟历史上第五大得分手，虽然乔丹在投篮得分上仍然遥遥领先。

遗憾的是，他俩从未在总决赛中正面交锋。乔丹对阵科比的巅峰对决必将是一场令人难以置信的比赛。

SPALDING
BULLS
23

保罗·皮尔斯（Paul Pierce）

任何关于湖人队竞争对手的讨论，都不可避免地涉及到波士顿凯尔特人队。因为有了皮尔斯，波士顿凯尔特人队拥有了像科比一样渴望胜利的球员。

在2008年总决赛中，由保罗·皮尔斯、凯文·加内特（Kevin Garnett）和雷·阿伦（Ray Allem）三人领军的凯尔特人队对阵科比，他们使湖人队遭遇第二次失利。尽管皮尔斯在比赛过程中偶尔会有些受挫，但他们还是以4：2获胜，并最终赢得了总冠军头衔。

两年之后，湖人队终于一雪前耻，以4：3的成绩赢得总决赛。绿色军团对阵紫金军团的比赛永远是那样精彩！

蒂姆·邓肯（Tim Duncan）

马刺队的大前锋蒂姆·邓肯从不树敌，他也没有对手或者私人恩怨。他通过自己在篮球比赛中神话般的表现，去完成一切所需的对话。但在科比的职业生涯中，圣安东尼奥马刺队却是湖人队的夙敌。马刺队在 1999 年到 2013 年间获得了 5 个总冠军，并在 2000–2002 赛季，两次终结了湖人王朝的冠军梦想。

邓肯和科比在各自城市效力期间，他们的球队在季后赛中相遇七次。在这些迷你系列赛中，湖人队胜了 4 场，马刺队赢 3 场，每次都是获胜的球队进入总决赛。这是属于他们的时代最美好的时刻，而这一切正是由两位历史上最伟大的球员推动实现的。

姚　明（Yao Ming）

作为两位国际知名的球员，姚明和科比被视为篮球比赛的图腾，他们会在竞争异常激烈的西部赛区相互对抗。虽然姚明在休斯顿火箭队表现突出，但在他长期为火箭队效力期间，火箭队始终无法闯进半决赛。这位中国球星和科比在季后赛中曾有两次交手：2004 年，湖人队首轮以 4：1 获胜，那场比赛姚明拿下 18 分；在第十轮的比赛中，火箭队取得了唯一的胜利。

此后在 2009 年，火箭队在西部半决赛第 7 场比赛中，姚明因伤被迫下场。在系列赛中两支队伍的比分为 2：2，湖人队最终幸存了下来。

不过科比在 NBA 和奥运会上与姚明这位中锋的相遇，总是值得一看。

Beijing 2008
USA
10
CHINA
13

沙奎尔·奥尼尔（Shaquille O'Neal）

从1996年到2004年，奥尼尔和科比一直是队友，他们的关系由兄弟变成了死对头。因为在球队中扮演的角色，以及在球队中至高无上的地位引发的冲突，让他们最终分道扬镳。尽管湖人已经连续获得了三次总冠军，并且还有更多次夺冠的可能。

他们会在训练中发生争执，在媒体上出言不逊，在更衣室里批评指责。菲尔·杰克逊称他们还都是“青少年”，科比甚至拒绝邀请奥尼尔参加自己的婚礼。最终，奥尼尔被交易到迈阿密热火队，并带走了一些同时支持科比和奥尼尔的球迷。

当科比超越奥尼尔获得“四冠王”时，他增加了一项优势。最终，他们和解了。然而很多球迷却在想，如果他们俩都能控制自己的自负，洛杉矶湖人队又将是什么样子呢？

勒布朗·詹姆斯（LeBron James）

在NBA总决赛中，詹姆斯和科比从未有过正面交锋。当科比的湖人队从巅峰滑落之后，詹姆斯登上了总冠军的宝座。虽然他们俩是奥运会代表队的队友，也都欣赏彼此非凡的能力，但还是要面对那个不可避免的问题，谁主宰了他们的时代？而詹姆斯赢得了第二个10年？到目前为止，勒布朗·詹姆斯已经获得了五次总冠军，而科比获得了三次。

詹姆斯目前是洛杉矶湖人队的明星球员，也是他已故的朋友科比和以往其他伟大球员的继承者。

科比喜欢挑战包括勒布朗·詹姆斯在内的NBA 超级巨星。他说，这将会使自己变得更加优秀。没有什么能比和黑曼巴同场竞技更令人满意。

LAKERS
24
SPALDING

王者归来

在要求离开湖人队之后，科比却从湖人队的重新调整中获益。这给了他第二次角逐总冠军的机会，而这正是他梦寐以求的事情。

许愿的时候一定要小心！2004 年夏天，湖人队把奥尼尔交易给了迈阿密热火队之后，科比成为了湖人队无可争议的当家明星。

但此一时彼一时，湖人此时已不再是一支冠军球队了。在总决赛输给底特律活塞队一年后，湖人队甚至连季后赛都没能拿下，他们总共只赢了 34 场。

湖人队在第一轮比赛中连续两次被菲尼克斯太阳队淘汰出局。虽然菲尔・杰克逊在离开球队一年后回归，科比也很享受他 81 分的巅峰状态，但当他们的得分后卫公开猜测科比应该被允许退役的时候，能否重新获得成功显得难以捉摸。

然而，湖人队在 2007–2008 赛季迎来建队 60 周年，这有着非凡的纪念意义。科比将首次获得 NBA 最有价值球员奖，赛季中期进行的球员交易将把湖人队送进总决赛。

德里克・费舍尔（Derek Fisher）在初夏返回湖人队，重新与科比组成了后场配合，这种配合被证明是成功的。虽然湖人队在选秀中把赌注押在了一位年轻的西班牙中锋身上，但科比却成为这场非比寻常的球员交换中的核心所在。

马克・加索尔（Marc Gasol）从未效力过湖人队，他来美国前，一直在本国西班牙打球。不过，他的哥哥保罗早已进入 NBA，他签约孟菲斯灰熊队，并被评为 2001 年度最佳新人。马克・加索尔在传球和篮板球控制方面十分精到，他的加盟使湖人队的阵容达到最理想的状态，科比敏锐地预感到湖人队有机会夺取更多的冠军。最终，他被证明是正确的。

随着加索尔穿上蓝色和金色球衣，湖人以 26–8 的战绩结束了常规赛，并赢得季后赛的头号种子称号。科比打满了 82 场比赛，场均得分 28.3 分，有 5.4 次助攻和 6.3 个篮板。当湖人队击败了丹佛掘金队、犹他爵士队和圣安东尼奥马

在 2008 年 NBA 总决赛中，科比全力以赴，力战波士顿凯尔特人队，但最终没能捧杯。

刺队，与波士顿凯尔特人争夺总决赛资格的时候，科比被评为最有价值球员。

“这一年太煎熬了。”科比说，“见证年轻球员的成长，目睹我们球队跨入精英行列，并最终赢得西部赛区决赛，这简直是一场情感的过山车。”这是一段非常艰苦的旅程。

“我很幸运能和自己喜欢的人共同度过这一段艰难之旅。我们相处融洽，彼此默契且团结。”他希望这一切足以让他们拿到冠军。

科比说：“这就像好莱坞的电影剧本，完美的结局将是我们最后捧起冠军奖杯。那样就太完美了。”

波士顿凯尔特人队却改写了剧本。他们在 2008 年总决赛的最后一场比赛中以压倒性的 131-92 大胜湖人队，以总分 4：2 赢得总冠军。科比说：“波士顿更渴望成功，比赛时也更有热情，他们获得这个冠军实至名归。”

2008-2009 赛季一开始，湖人队就获得了 17 胜 2 负的战绩，球员们的意图很明确，他们要以自己的风格做出回应。加索尔和科比并肩作战的第一年，使他们俩都变得更优秀。年轻的中锋拜纳姆（Andrew Bynum）表现越发成熟。还有其它一些收获，包括来自中国的前锋孙悦，也更好地融入了球队。

科比施展个人魔法，送别奥兰多魔术队。

2009 年 NBA 总决赛

第一场：奥兰多魔术队 75 分　洛杉矶湖人队 100 分
第二场：奥兰多魔术队 96 分　洛杉矶湖人队 101 分
第三场：洛杉矶湖人队 104 分　奥兰多魔术队 108 分
第四场：洛杉矶湖人队 99 分　奥兰多魔术队 91 分
第五场：洛杉矶湖人队 99 分　奥兰多魔术队 86 分

洛杉矶湖人队以总比分 4-1 获胜

到了一月份，湖人队的表现一直不错。科比连续两次获得三双，这是他自 2005 年以来的第一次。他和加索尔、菲尔·杰克逊将一起入选全明星阵容，他和奥尼尔还分享了“最有价值球员（MVP）”的荣誉。尽管拜纳姆因在比赛中意外与科比发生碰撞，被罚禁赛三个月，但湖人队还是以 65-17 的战绩成为西部联盟里的头号种子。

犹他爵士队和丹佛掘金队再次站在了季后赛的赛场上。爵士队在首轮比赛中被湖人队以 4：1 击败，科比在第四场比赛中拿下 38 分。

休斯顿火箭队在西部半决赛的第一场比赛中，取得了客场胜利，但在第二场比赛中，科比拿下 40 分，遏制住了火箭队前进的势头。人们认为姚明的脚伤会令火箭队功亏一篑，但他们还是勇敢地拼杀到第七场，才被湖人队淘汰出局。

随后，丹佛掘金队等来了西部赛区决赛。尽管科比在去年夏天手指受了伤，但还是在系列赛的两场比赛里，至少拿下 40 分。在第六场比赛中，湖人队以 119-92 的大比分获胜，并以总比分 4：2 的战绩结束了系列赛。

科比帮助湖人队第 30 次闯入 NBA 总决赛。“我只是太想得到它了，就是这样。”科比还说，“我就是非常想得到总冠军。”相比建队历史不长的奥兰多魔术队，这仅是他们第二次进入总决赛。

冠军基因的胜利

尽管魔术队得到科比未来的队友德怀特·霍华德（Dwight Howard）的助力，但全队仍未能真正改变总比分 1：4 的败局。科比在首场比赛中就砍下 40 分，这为他率领湖人队在接下来的比赛中的得分确定了基调，他的防守也无懈可击。

第三场比赛，奥兰多魔术队回到了主场，以 108：104 击败了湖人，但这也是他们唯一的一场反击。在第五场首节比赛中，湖人队与魔术队一度势均力敌，但科比在第二节打出了 16：0 的

2008 年，科比首次获 NBA 最有价值球员荣誉。

比分，最终帮助球队以 99∶86 的大比分取得胜利。在系列赛中，科比场均得分 32.4 分、7.4 次助攻和 5.6 个篮板球，毫无争议地获得了最有价值球员（MVP）称号。这是湖人队首次在没有奥尼尔的情况下，赢得的拉里·奥布莱恩奖杯（Larry O'Brien Trophy）。“这感觉就像从肩上卸掉了一个沉重的包袱，”科比说，“能拥有这样的时刻，感觉真好。”

他还说，“我们尽量不去想太多，你明白我的意思，因为你只会变得过于兴奋。你试着不去想它，只想打好比赛。在这一刻到来的时候，回顾整个赛季和你所经历的一切……兄弟，拿冠军才是最重要的。”

第五个冠军奖杯，是科比在没有奥尼尔的情况下得到的第一个冠军奖杯。

难以止步

科比和加索尔的睿智是湖人在2010年卫冕的有力武器。作为个体，两人都极具灵气；作为队友，他们彼此间十分默契。他们之间并没有科比以往与奥尼尔合作时的火药味。他们在进攻时相互掩护和穿插，屡屡得手，势不可挡。

加索尔在西班牙国家队效力时曾经获得过两次世界杯冠军，但他从不迷恋数字。作为一位能力被低估了的完美的战术伙伴，他是科比的理想搭档。当科比这位NBA总决赛最有价值球员受伤病困扰的时候，这位来自巴塞罗那的大男孩将整个球队团结在了一起。连续三年从未缺席一场比赛的科比，却因脚踝受伤不得不坐在替补席上。虽然他已超越杰里·韦斯特（Jerry West）成为湖人队历史上的头号得分手，但因错过了全明星赛而十分沮丧。他虽只有31岁，却已经在NBA效力了14年。这在NBA确实不是一段短时间。

然而，他不惧身体伤痛，不为有关“科比黄金球龄不再”等各种议论所动，不断挖掘自己的潜力，努力前行。在常规赛接近尾声时他仍在疗伤，但球队一直保持着西部头号种子的位置。

此后，全体队员开始了夺冠的艰苦努力。

在第一轮比赛中，迅速崛起的俄克拉荷马城雷霆队蓄势待发。凯文·杜兰特（Kevin Durant）、拉塞尔·威斯布鲁克（Russell Westbrook）和詹姆斯·哈登（James Harden），这三位未来的NBA最有价值球员此时齐聚雷霆队，这一阵容在那届NBA总决赛后不久就解散了。

科比跃起扣篮，报了 2008 年总决赛负于波士顿凯尔特人队的一箭之仇。

缺乏经验的雷霆队并没有很快被压制住。他们在系列赛一直打到了第六场，差点拿下第七场。在第七场比赛中，雷霆队仅以1分之差落败，科比全场拿下32分，而加索尔在最后时刻抢下了篮板球，湖人队以95：94险胜。这个成绩证明了雷霆队取得的进步。

犹他爵士队是潜伏着的下一个对手。不过战胜爵士队更容易。湖人队以4：0横扫对手，在前三场比赛中，科比每场至少得到30分。湖人队继续前进，他们在西部赛区决赛中与令人愉快的菲尼克斯太阳队相遇，也因此与太阳队的明星搭档史蒂夫·纳什（Steve Nash）和阿玛雷－斯塔德迈尔（Amare Stoudemire）打了一场遭遇战。

湖人队前四场比赛都在主场举行。第五场比赛结束前几秒，科比投球未中，但罗恩·阿泰斯特（Ron Artest）补救成功，湖人队最终以103–101赢得了比赛。在第六场比赛中，科比拿下37分，其中包括在比赛快结束时的一记扣篮。湖人队重回总决赛。波士顿凯尔特人队将再次面对巨大挑战。

这是一次史诗般的邂逅，堪称湖人队和波士顿凯尔特人的巅峰之战。在全部七场比赛中，两队交替领先。科比在第一场比赛中拿下30分，湖人队以102：89取胜。凯尔特人队赢下了第二场比赛。湖人队第三场比赛再次领先。第四场比赛，科比砍下33分，但是凯尔特人的三巨头皮尔斯、雷阿伦和加内特完美地分担重任，以96：89战胜了湖人队。尽管在第五场比赛中科比得到38分，但凯尔特人队还是以92： 86取胜，这让2008年的冠军湖人队的获胜前景岌岌可危。

在第六场比赛中，湖人首次以89：67的闪电战获胜，科比的表现一如既往，得到26分，湖人队其他球员的表现同样引人注目。回到了洛杉矶，湖人胜者为王，他们在第三节领先对手13分之多。科比在其他队友的配合下，加快了前进的脚步。

第七场比赛，科比从忧虑中走了出来。第四节的比赛充满了紧张气氛，这也是湖人队得分最多的一节比赛，在湖人队得到的23分之中，科比贡献了10分。湖人队最终以83：79的胜利，拿下了球队历史上的第16个总冠军。“这是迄今为止最甜蜜的一次。”科比说。

科比以场均28.6分、8个篮板和3.9次助攻，再次获得NBA最有价值球员的荣誉，这也是他经历过的最艰难的系列赛。

“你知道，我太希望得到总冠军了。”他说，“我实在太想要了，太想夺冠了！我已经精疲力尽，我真的、真的很累。”

“我越想要它，它就离我越远。我很高兴队友们真正让我回到了比赛中。”

这是他最后一次进入总决赛。此后连续三年，湖人队都在首轮告负。杰克逊在随后的那年夏天也离队了，那支耀眼的明星球队慢慢地黯然失色。

在过去的三个NBA赛季中，湖人共赢了65场比赛。科比一直饱受伤病折磨，尤其是他的膝盖。2013年4月，他被脚踝撕裂折磨了6个月，肩上也是伤痕累累。

科比宣布他将在2015–2016赛季结束时退役，他在告别之旅中出场66次，场均17.6分。

让科比非常遗憾的是，他还是没能和乔丹比肩。第六个总冠军头衔是那样的遥不可及，这简直令科比抓狂。

2010 年 NBA 总决赛

第一场：波士顿凯尔特人队 89 分　洛杉矶湖人队 102 分

第二场：波士顿凯尔特人队 103 分　洛杉矶湖人队 94 分

第三场：洛杉矶湖人队 91 分　波士顿凯尔特人队 84 分

第四场：洛杉矶湖人队 89 分　波士顿凯尔特人队 86 分

第五场：洛杉矶湖人队 86 分　波士顿凯尔特人队 92 分

第六场：波士顿凯尔特人队 67 分　洛杉矶湖人队 89 分

第七场：波士顿凯尔特人队 79 分　洛杉矶湖人队 83 分

洛杉矶湖人队以 4：3 赢得系列赛

奥运金牌

科比·布莱恩特代表美国参加过两届奥运会
——北京奥运会和伦敦奥运会。
他把注意力从在美国夺冠转向了征服世界。

获得 NBA 总冠军的队伍经常宣称自己是世界冠军，但这从来都算不上实至名归。国际上虽然有一项世界俱乐部锦标赛，由它的管理机构国际篮球联合会（FIBA）组织。但这项赛事从来没有吸引过 NBA 球队参加，这样，它的合法性就大打折扣了。

唯一真正的“世界”级比赛是每四年举行一次的国际篮联世界杯，美国也从来没有派出过最强大、最优秀的团队参赛。因此，奥运会冠军才是真正意义上的篮球世界冠军。这正是科比想要获得的称号。科比在首次获得邀请之后很久，才第一次代表美国队参赛。他由于伤病或个人原因，错过了此前的奥运会和世锦赛，2007 年，他迎来了个人的国际首秀。他在拉斯维加斯举办的 FIBA 美洲杯（现简称美国杯）上亮相。

美国队以 10 战全胜的成绩夺冠，科比场均拿下 15.3 分。他在决赛中独得 31 分，美国队以 118 ： 81 的成绩战胜了阿根廷队。这是科比第一次真正尝到了金牌的滋味。

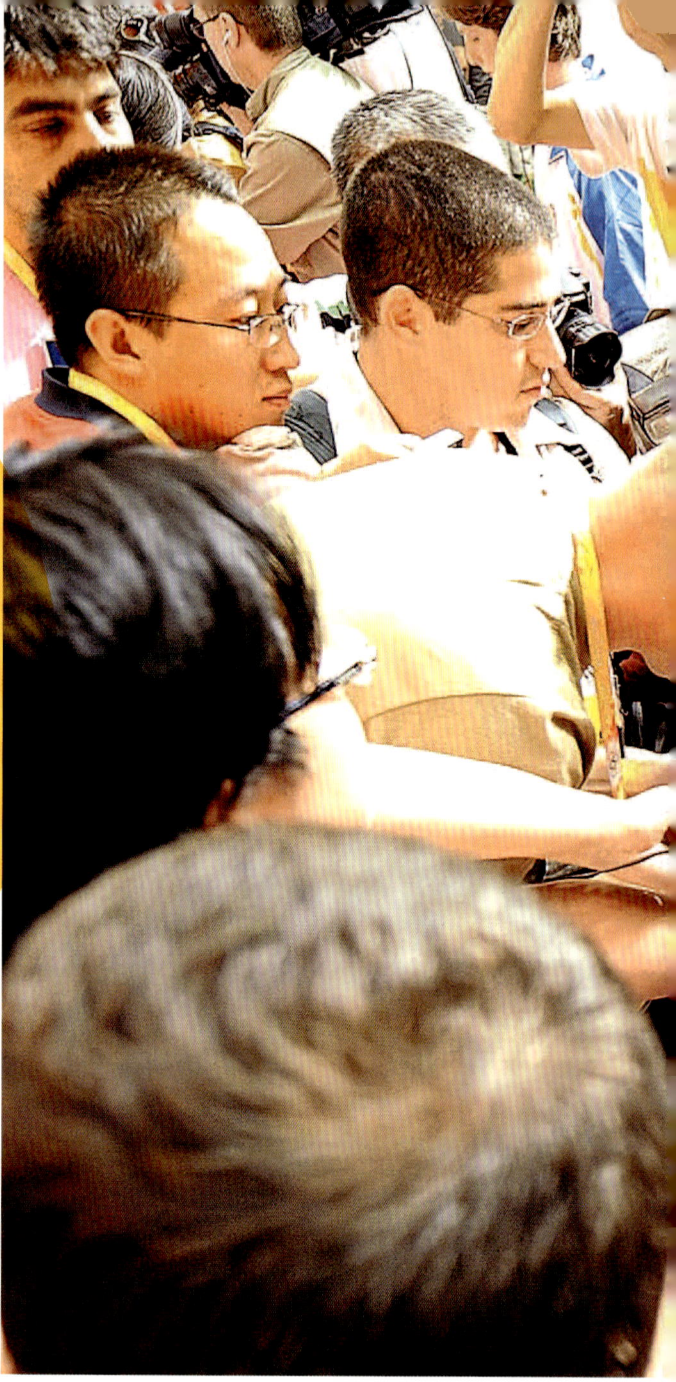

2008年北京奥运会

从雅典奥运会到北京奥运会，相隔就一站地。四年前在雅典奥运会上，美国男篮未能登上奥运会冠军的领奖台。最优秀的球员集结在一起，出征北京奥运会。他们将恢复美国在这项运动中首屈一指的地位。美国队由12位全明星球员组成，由科比担任队长，杜克大学的迈克·克日泽斯基（Mike Krzyzewski）担任主教练。

科比与教练克日泽斯基心心相印、相互欣赏。他们向整个球队传达了相似的信息，即美国队不能抱着理所当然的态度对待剩下的比赛。“这对我很重要。”科比强调道，“我要让队友们都知道：‘瞧！这些能参加国际比赛的球员都很会打篮球！’你可能从未在美国NBA赛场上见过他们，但这并不意味着他们没有在NBA打球的实力。”

“他们中大多数球员只是选择留在海外打球。但是，这些球员会打球，如果你不注意，他们就会把你打得落花流水。相信我，我知道这一切。我就是在海外长大的。”

美国队在预赛中先以101：70战胜了中国队，然后依次击败安哥拉队、希腊队、西班牙队和德国队。美国队在四分之一决赛中以116：85

在北京，无论科比走到哪儿，都有成千上万的电视制作团队和媒体记者希望采访他。

领先澳大利亚队，然后在半决赛中以 101 : 81 战胜了阿根廷队。

作为卫冕冠军，西班牙队由保罗·加索尔、他的哥哥马克·加索尔以及其他天赋出众的队友组成。他们绝不服输，希望在金牌争夺战中报预赛失利的仇。现场的中国观众也爆发出了阵阵欢呼声。

决赛第四节，美国队一度仅领先 2 分，科比作为核心队员在此场比赛中得到 20 分，他在第四节的一次进攻中拿下关键的 4 分，拉开了比分差距，帮助美国队最终以 118-107 的比分取得了胜利。这就是金牌带来的喜悦。

科比表示：“所有人都在谈论美国球员的个性和傲慢。但我们是个团队，而且大获全胜。”

NIKE

2008 年北京奥运会上，科比 · 布莱恩特、勒布朗 · 詹姆斯、德维恩 · 韦德和卡梅罗 · 安东尼共同代表美国队取得金牌。

2012 年伦敦奥运会

四年之后，科比 · 布莱恩特来到英国伦敦，第二次参加奥运会。这次美国队的队员名单与以往不同，其中只有五位队员参加过 2008 年北京奥运会。全队的阵容较小，詹姆斯成为队伍的核心。但最终，这支球队同样是不可战胜的。

美国队在预赛阶段所向披靡，取得了 5：0 的战绩。首场比赛中，美国队以 98：71 战胜法国队，法国队的托尼 · 帕克（Tony Parker）被罚出场。然后，突尼斯队和尼日利亚队也相继被美国队摧垮。

意想不到的考验出现在与立陶宛队比赛中。面对立陶宛队这支老牌劲旅，美国队拼尽全力进行防守，激烈的比赛一直持续到终场前最后几分钟。美国队最终在主教练克日泽斯基的指挥下，以 99：94 的比分获胜。接下来，美国队战胜了受伤病困扰的阿根廷队，准备在四分之一决赛时对阵澳大利亚队。

科比摆脱了投篮的困扰，在对澳大利亚队的比赛中得到了 20 分，其中包括下半场的 6 个三分球。澳大利亚曾一度对美国队构成威胁，但最终还是以 86：119 惨败。

在连续三届奥运会上，阿根廷队都在半决赛中与美国队相遇。

科比上半场得到 13 分，但他的球队在中场休息前仅以 47：40 领先。凯文 · 杜兰特（Kevin Durant）改变了局面，美国队以 109：83 大胜阿根廷队，闯入金牌争夺战。就像四年前在北京一样，此时西班牙已经做好了迎接挑战的准备。

这是一场经典的决赛。在第三节比赛中，加索尔兄弟表现神勇，带领西班牙队取得短暂领先。在进入第四节比赛时，美国队仅仅领先西班牙队 1 分。

科比和马努·吉诺比利（Manu Ginobili）多年来分别代表湖人队和马刺队征战，两人数次交手。在 2012 年伦敦奥运会上，他们分别代表美国和阿根廷参赛，美国队战胜了阿根廷队。

詹姆斯·哈登和科比·布莱恩特在2012年伦敦奥运会上成为队友。

凯文·杜兰特拿下的30分对取胜至关重要。科比在比赛中表现出的领导能力也非常关键。他全场得了17分，这在美国队以107：100大胜西班牙的比赛中，发挥了巨大的作用。美国队再次获得奥运金牌，但他们也经历了严峻的考验。

科比在奥运会的场均得分为12分，确实到了该告别的时刻。“就这样吧，年轻人可以来参加奥运会了。”他说。

詹姆斯 · 哈登和科比 · 布莱恩特在 2012 年伦敦奥运会上成为竞争对手。

高悬在椽梁上的球衣

2017 年 12 月 18 日，洛杉矶湖人队退役了属于科比·布莱恩特的 8 号和 24 号球衣。

“作为一个在意大利长大的孩子，我一直梦想着退役后，自己的球衣能荣登湖人队名人堂，但我确实没想到会是两件。”科比开心地说。

这是对科比恰如其分的褒奖。

作为湖人队的领袖，科比·布莱恩特在常规赛中创造的记录是：参赛 1346 场，得分 33643 分，三分球 1827 个，抢断 1944 次，罚球 8378 个；在季后赛的记录为：参赛 220 场，得 5640 分，三分球 292 个以及罚球 1320 个。

毫无疑问，科比加入了其他九位伟大的湖人队球员的行列，他们的球衣号码之前已经从湖人队退役。在洛杉矶斯台普斯中心举行的退役仪式上，科比的前队友、NBA 的传奇人物、以及科比的妻子和女儿们悉数参加。科比回顾了自己的职业生涯，他的事业达到了顶峰，他付出的努力和得到的回报一样多。

洛杉矶湖人队在一位球员退役时，同时在湖人队名人堂悬挂起两个号码，这在 NBA 历史上鲜见。

回首往日，科比感慨道："那些你早起、挥汗如雨的时候，那些你实在不想训练的时候，那些你极度疲惫，不想再逼迫自己的时候，你还是坚持下去了……那就是你实现梦想的时候。"

站在球场中央，科比目视着自己的名字和魔术师约翰逊、张伯伦、韦斯特、贾巴尔以及他的老队友奥尼尔等传奇明星的名字一起被点亮。

"从孩童时代起，我就一直目睹驰骋在赛场上的这些伟大球员，一点一滴地从他们身上学习。现在，我竟能与他们一起成为这面墙的组成部分，这对我来说意味着一切。"他强调道。

"为篮球运动留下遗产确实很重要，因为我们所做的事情非常了不起，但对篮球遗产而言，更重要的是如何影响下一代球员。"

针对为篮球运动留下的遗产这个话题，科比说："现在挂在墙上的这些球衣对我的影响才是真正的遗产，没有他们的引领，我们这一代球员就不可能有今天的这个时刻。"

二十年来，由于科比的存在，湖人队一直是洛杉矶备受关注的焦点，他的影响力不亚于任何一位好莱坞的超级偶像。

曾是科比的经纪人和挚友的湖人总经理罗伯·佩林卡表示："科比对球队的影响不可估量。在以往的 20 个赛季中，科比一直在为湖人队传递着火炬，他精彩的表现一直使这支球队处在 NBA 的前列。"

"除了总冠军的旗帜和个人荣誉之外，科比的'曼巴精神'将一直被湖人队努力效仿。它每天都激励着我们为了伟大而奋斗。"

"科比对篮球的矢志不渝和奉献精神，使他成为体育史上最具标志性的超级巨星之一。他对篮球运动和未来几代球员的各方面影响，将随着时间的推移而逐渐被人们所认识。"

随着球场内门票的售罄，数千人聚集在场外，他们在洛杉矶的夜色中观看转播，表达敬意。主办方还特意临时设立了一个名为“科比园”的主题公园，为庆祝活动增添气氛。

这次退役活动时长 21 分钟，在湖人队对阵金州勇士队的比赛中场时间举行。活动回顾了科比的职业生涯和他所扮演的角色，而球迷们一直在高呼着“科比！科比！”

科比强调说，自己的家人一直在他的身边陪伴，这对他意义重大。退役之后，他会将大部分时间都花在娜塔莉亚、比安卡和吉安娜这三个女儿身上。

身为人父是一种激情，这也许是科比最大的激情所在。“曼巴精神”是竞争精神，但它也意味着追求伟大，而不是满足于平庸。

这正是他想让他的三个女儿，以及其他人都能听到并且接受的信息。

努力工作终将有回报。拥有远大的梦想是件大好事。

但他同时表示：“最重要的不是结果，而是整个过程。”

“如果你们能理解这一点，你们将看到的是，你们也许无法实现自己的梦想，很难梦想成真，但最终的收获将会更大、更有价值。”

场馆内大屏幕上的经典画面不断涌现。这让观众们回想起洛杉矶湖人队前进道路上的重要人物，回想起夺取总冠军时的激动场景，回想起湖人队历史上的伟大球员。

“谁还记得他在哪场比赛中得了 81 分？”魔术师约翰逊问现场观众。

“最后，但却是最重要的，永远不会有运动员在自己退役之战的得分能超过他，我的天啊，他得了 60 分！”

“科比，杰瑞·韦斯特在观看你训练的当天给我打了电话。他说，‘艾文，我刚刚目睹了有生以来见过的最棒的一场训练！’杰瑞，你说的完全正确。”

随着时间的推移，以往的伤口也渐渐愈合。奥尼尔也为他夺取三连冠时的队友鼓掌喝彩。他表示，科比将作为有史以来“绝对最棒的湖人队球员”被大家铭记。

科比的妻子和女儿们也在现场，见证他的荣誉时刻。

斯台普斯中心：科比在这里用紫色和金色创造了20年来令人难以置信的记忆。

奥尼尔补充道："我们将被铭记为史上最神秘、最有争议、最具统治力的组合拳手，我们是湖人队历史上的最佳组合。那种组合还包括魔术师和卡瑞姆。你可以告诉他们，这话就是我说的。"

未来的某一天，斯台普斯中心之外将会竖立起一座科比的雕像。科比表示它并不一定是身穿 8 号或者 24 号球衣的雕像。不过，究竟哪个更好呢：是第一阶段身穿 8 号球衣的科比，还是第二阶段身穿 24 号球衣的科比？

"24 号更具挑战性，那时我更倾向于去完成更有难度的事情。"科比强调，"就身体而言，在我穿 24 号球衣的时候，曾经有段时间，早上起床都非常、非常困难。"

"在对阵波士顿凯尔特人队时，我的脚掌骨裂。在职业生涯的后半段，我的一根手指骨折，但我一直强撑着。"

"我想，如果你一定要让我在 8 号和 24 号中作选择，我可能会选 24 号。"

科比又一次站在球场上，接受了这个时刻。没有投篮，没有交叉运球，也没有传球。

他咧着嘴笑了笑，放下麦克风。"曼巴离场了！"他就此告别，坦然地面对自己职业生涯的终结。

体育馆外，球迷们为科比举行了庆祝活动。

统计数据

在他的职业生涯中，科比创造了令人难以置信的统计数据。

在过去的 20 年里，他赢得了几乎所有的奖项，并且一直身居 NBA 球队的领军人物之列。唯一令人感慨的是，他仅在 2008 年被提名为“联盟最有价值球员”。但他在个人技术统计中创造了多项记录。

得分：33,643 分（场均得分 25.0 分）

篮板：7,047 个（场均篮板 5.2 个）

助攻：6,306 次（场均助攻 4.7 次）

NBA 最有价值球员：2008

5 次 NBA 总冠军：
2000 年、2001 年、2002 年、2009 年、2010 年

7 次进入总决赛：
2000 年、2001 年、2002 年、2004 年、2008 年、2009 年、2010 年

NBA 总决赛最有价值球员：
2009 年、2010 年

两届得分王：
2006 年、2007 年

15 次入选 NBA 最佳阵容

一队:

2002 年、2003 年、2004 年、2006 年、2007 年、2008 年、2009 年、2010 年、2011 年、2012 年、2013 年

二队:

2000 年、2001 年

三队:

1999 年、2005 年

12 次入选全攻全守阵容

一队:

2000 年、2003 年、2004 年、2006 年、2007 年、2008 年、2009 年、2010 年、2011 年

二队:

2001 年、2002 年、2012 年

NBA 新秀二队: 1997 年

☆ 全 明 星 ☆

在科比参加的 NBA 全部赛季中，除了其中的两次，科比都是全明星队成员。

1997 年年中，科比在克利夫兰的扣篮比赛上第一次亮相。

为了展示自己在比赛中的天赋，他在最后一轮满分为 50 分的比赛中拿下了 49 分，击败了克里斯·卡尔（Chris Carr）和迈克尔·芬利（Michael Finley）。在接下来的第二天，他又在新秀挑战赛中获得了全场最高的 31 分。

1998 年，球迷以 395,686 票将科比选为全明星赛最年轻的首发队员。那年的西部联队中，湖人队占了四席，科比是其中之一。

这是科比首次入选全明星阵容。此后，除了在 2010 年、2014 年和 2015 年因伤缺阵，科比连续 18 次入选选拔赛，并连续参加了 13 场全明星赛。

每年 2 月，作为全明星队队员，科比都有机会加入竞争对手的行列，同时也会炫耀一下自己。他四次成为全明星赛最有价值的球员，在他去世之后，这个奖杯以他的名字重新命名。

18 次 NBA 全明星赛：1998 年、2000 年、2001 年、2002 年、2003 年、2004 年、2005 年、2006 年、2007 年、2008 年、2009 年、2010 年、2011 年、2012 年、2013 年、2014 年、2015 年、2016 年（1999 年没有举办全明星赛）。

4 次 NBA 全明星 MVP：2002 年、2007 年、2009 年、2011 年（2009 年，科比与奥尼尔共同获得 MVP 称号）。

2002 年，科比在费城球迷面前赢得了他的首个全明星 MVP。

科比最后一次出场是在 2016 年，当时西部联队以 196-173 击败了东部联队，科比获得了领先的 1,891,614 张选票。

2010 年，科比举起了 NBA 总冠军奖杯，这是他获得的最后一次总冠军。

亲爱的篮球

科比·布莱恩特一直是个会讲故事的人。
他自己的篮球故事被好莱坞颂扬。

几十年来，不计其数的关于科比的故事被撰写或者播出。

有些故事讲述了他的职业生涯和他在球场上的轶事，有些是关于他的法庭审判，有些故事涉及他的家人，还有的讲述了他的退役过程。

科比拥有充满智慧的好奇心，他发现将自己的想法转化为叙事的过程非常有意思。这个过程不仅可以娱乐大众，还可以把自己的经历告诉大家，并对一些事情做出自己的评价。这确实是一件挑战大脑的事情。

故事发生在科比新秀赛季之后的那个夏天，当时他正在洛杉矶的一家健身房锻炼，他的电话铃响了。

“嗨，我是迈克尔。”电话里的声音说。

“哪位迈克尔？”

“迈克尔·杰克逊。”

这位歌手并不以热爱篮球而闻名。他也不像杰克·尼科尔森等好莱坞明星那样，会在湖人队比赛时坐在场边，成为出现在赛场里的演艺明星。

杰克逊听说科比在从神童进入成人世界的过程中，遇到了一些困难，不知为什么，这引起了他的共鸣。他希望能为科比提供一些指导。

“到我家来吧！”他说，“我们好好聊聊。”他对我说：“这就是你所爱的事情，这就是你痴迷的事情。”科比在接受娱乐体育节目电视网（ESPN）采访的时候回忆道，“他对我说，‘我知道与众不同是什么感觉，拥抱它！’”

虽然NBA是体育和娱乐的交汇点，但娱乐业却成为科比最终选择，这也成为他获得更多奖项的领域。

随着职业生涯逐渐结束和年龄的增长，科比也曾考虑过另外一种超越自我的生活，他提出了如何将“曼巴”的驱动力引向其他领域的想法。

他觉得无论是投资领域、企业领域、还是创意领域，对他都不具挑战性。一些运动员在退役之后，总是努力寻找另一种方式引起公众的注意。科比总能用其他的副业和兴趣，将自己的时间排满。为了寻求建议，他选择向那些在其他领域享有盛誉的人学习。

电视和电影制作人奥普拉·温弗瑞（Qprah Winfrey）、苹果首席执行官蒂姆·库克（Tim Cook），无论在哪儿，只要能遇到这些行业领袖，科比都会抓住机会，就他们是如何在自己的领域里取得成功的问题，向他们取经。

然而，最令他激动的仍然是故事，以及如何通过遣词造句，去创造画面感。

这种想法最终带来一个非常具有个性特征的项目，他将与整个世界分享。

这个项目就是《亲爱的篮球》。科比从小就热爱并一直珍惜篮球这项运动，这个项目就是他对篮球的致敬。

格伦·基恩（Glen Keane）和科比·布莱恩特在2018年凭借《亲爱的篮球》获得奥斯卡最佳动画短片奖。

亲爱的篮球：

从我开始

卷起父亲的圆筒短袜

我想象自己在大西部论坛球馆

投进制胜球的样子

我知道有一件事情是真的：

我爱上了你。

这个故事讲述了科比为什么打球，为什么为之付出了那么多，还有更多内容。这里有他的执着和牺牲，有他如何实现为湖人效力的童年梦想。还讲述了当他知道自己的职业生涯即将结束的时候，为什么会感到欣慰。他在结尾处写道：

我们都知道，

无论接下来我去做什么

我都永远是那个

穿着直筒袜

瞄准角落里的垃圾桶

假装进攻时间还剩下5秒

手里拿着篮球的小男孩

5秒……4秒……3秒……2秒……1秒……

永远爱你的

科比

2015年，科比在《球员论坛报》的网站上发表了一首诗，详细描述了他对篮球的热爱。

这些语言最终变成了画面。那部享有盛誉的短片《亲爱的篮球》在科比退役时得以首演。

科比对用二维的画面表现这首诗很感兴趣，他在迪斯尼动画师格伦·基恩的指导下导演了这部电影，并由传奇作曲家约翰·威廉姆斯（John Williams）为它配乐。

“我喜欢讲故事、写作和电影制作。”科比说，“与其他青年才俊合作，将故事带入生活，将为我们的下一代提供信息、激励或挑战他们。”

基恩的动画把科比描绘成一个孩子和一个篮球巨人，科比用自己的声音把这一切连接了起来。

短片中展现了他在意大利观看NBA比赛的场景，他获得NBA总冠军和奥运金牌的场面，以及他一路的奋进历程。

“我们做的第一件事就是从YouTube下载科比的20场顶级比赛。”基恩对美国娱乐和媒体新闻网站（The Wrap）透露，“我们通过这种方法了解那些著名的比赛。这简直太酷了！我的意思是，科比对球场上的每一刻都记忆犹新。”

有次拍摄时，科比骑上了一辆自行车，突然有个画面就在这位天才的大脑里闪现出来，“我们在斯台普斯中心对阵迈阿密热火队，”科比回忆道，“我从侧面突破，单腿上篮。我就是从这边跑过去的，然后那样投篮。”科比比划着说。

“我告诉他我为什么从小就学会了这么做，我们曾经有过BMX自行车比赛，比赛要求你拿着小石头，去击中电线杆。”

“但因为你正骑着自行车，就不能像原地投掷那样把石头直接对准电线杆，你得往回收一点，以抵消你前进中的速度。我就是这样学会这么做的。”

这部电影在观众中引起了共鸣。篮球和科比，彼此都给予了对方许多。这部动画片使科比全身心投入了好莱坞。

科比把家搬到洛杉矶之后，就经常参加电影首映式活动，并且定期与好莱坞交流。

科比·布莱恩特入围了2017年奥斯卡最佳动画短片奖，这在他的成就名单中又增加了一项奥斯卡奖。

基恩在和科比一起领奖的时候说：“这个奖项向我们所有人传达了一个信息：无论你的梦想是什么，只有通过激情和毅力，才能把不可能的事情变成可能。”

科比微笑着回答道：“我不知道这是否可能。我是说，作为篮球运动员，我们确实应该闭上嘴去运球。但我很高兴，除了闭嘴运球以外，我们可以做得更多。”

从“星球大战”的偶像马克·哈密尔（Mark Hamill）手中接过奖杯，对科比来说是另外一个奖励。这次获奖鼓励科比去追求篮球以外

科比和他的妻子瓦妮莎庆祝他获得奥斯卡奖。

的生活，那与篮球里面的生活一样丰富多彩。

一切并不容易

科比说：“对运动员来说，最难的事情就是当你重新开始的时候，真的必须放下自尊心，你必须重新开始。”

“你必须要重新成为一名学习者。你必须了解事物的基本知识，要知道，这真的是最艰难的部分。”

通过产生其他的创意，启动新的项目：电影、写作、播客等，这些项目为科比重新充电。遗憾的是，很少有人能在有生之年做到这一切。

但这却是一个令他真正珍惜的夜晚。

“我感觉这要比赢得总冠军更棒！这太疯狂了！”科比笑着说。

人们在洛杉矶绘制壁画，以纪念科比和吉安娜。

安息吧，科比！

那是个星期天的早晨，
科比·布莱恩特在社交媒体上分享了他对篮球的热爱。
但不幸的是，他的生命终结在了这一天。

科比 13 岁的女儿吉安娜也同样热爱这项运动。她极具天赋、充满活力，希望自己有一天能在 WNBA 打球。吉安娜和父亲一起乘坐直升机，去参加父亲创办的曼巴学院的一场青年锦标赛。

不幸的是，直升机在一阵浓雾中撞到了距离洛杉矶市中心 48 公里的卡拉巴萨斯山坡上，他们父女和另外 7 人当场死亡。这条新闻传遍了全世界。科比拥有了新的职业生涯，拥有了六口之家，他似乎拥有了自己想要的一切，但他的生命却在 41 岁的时候戛然而止！

和他一起遇难的还有吉安娜的篮球队友艾丽莎·阿尔托贝利、艾丽莎的母亲凯丽和父亲约翰、飞行员阿拉·佐巴扬、科比的助理教练克里斯蒂娜·毛瑟、佩顿·切斯特，还有另一位队友和她的母亲莎拉。

NBA，乃至整个世界，都为之悲恸。

“科比和他的女儿吉安娜不幸去世，这让 NBA 这个家庭极为悲伤。”NBA 委员亚当·西尔弗 (Adam Silver) 说。

人们在斯台普斯中心外面排起了长队，等待记录下他们对科比的怀念之情。

"在过去的20个赛季里，科比向我们展示了当卓越的天赋和对胜利的献身精神结合在一起时，将产生怎样的可能性。他是NBA史上最杰出的球员之一，取得了传奇般的成就：他获得过5次NBA总冠军、1次NBA最有价值球员奖、18次入选NBA全明星赛、2次摘得奥运会金牌。"

"但人们会铭记他，更是因为他激励全世界的人拿起篮球，尽自己最大的努力去比赛。他对自己获得的智慧非常慷慨，并把向年轻球员们分享这些智慧视为自己的使命，在科比眼里，他将自己对比赛的热爱传递给吉安娜是一件特别令他欣慰的事。"

迈克尔·乔丹

"我对科比和吉安娜的死讯感到震惊。言语无法形容我所感受到的痛苦。我爱科比，他就像我的小弟弟。我们过去经常一起交谈，我将永远铭记那些对话。他是位激烈的竞争对手，是篮球赛场上最伟大的球员之一，具有很强的创造力。科比也是位非常棒的父亲，他深爱着自己的家人，并因为女儿对篮球的热爱而无比骄傲。"

沙奎尔·奥尼尔

"我只想再对他说这一句话……我将努力做得更好，努力与人沟通，而不是拖延，因为你永远不知道会发生什么。"

卡林·阿卜杜勒·贾巴尔

"大多数人都会记得科比是一位伟大的运动员，他激励了一代篮球运动员。但我将永远记得他绝不仅仅是名运动员。"

魔术师约翰逊

"我爱他，爱他的家人，爱他在场上和场下所代表的一切。科比和我之间有过许多关于生活和篮球的特殊对话。我们在场外有很多共同点。我曾经很喜欢和他谈论湖人的篮球，做父亲和丈夫的体验，以及我们有多么热爱意大利。我会非常想念那些谈话，也会非常想念他。"

2020 年，在芝加哥举办的 NBA 全明星赛上，歌手詹妮弗·哈德森向科比致以特别的敬意。

远至俄罗斯的整个篮球世界，都在为这位传奇球员默哀。

勒布朗·詹姆斯向他的前队友动情告别。

电影导演斯派克·李(Spike Lee)穿着以科比为主题的夹克出席2020年奥斯卡颁奖典礼，以此表达个人的敬意。

迈克·沙舍夫斯基

“科比的离世，让我们不幸失去了这个时代最伟大的体育人物之一……今天的篮球比赛也因为科比而变得更好，他应该受到永远的赞扬。”

杰克·尼克尔森

“我们以为一切都很坚固，壁上却有一个大洞。我曾经看到并和科比说过，这会要了你的命。这就是个令人恐怖的事件。”

老虎伍兹

“我不明白为什么走廊里的人说，‘这是为了曼巴！’现在我明白了。这件事对每个人来说都很震惊。我感到了令人难以置信的悲伤，这就是更悲惨的日子。我们都知道，生命非常脆弱。你可能在任何时候离开，我们必须珍惜自己所拥有的那些时刻。”

艾伦·艾弗森

“我总是想起关于他的一段记忆。那是我们的新秀赛季，也是我第一次去洛杉矶与湖人队比赛。他来到我住的旅馆，接我去了一家餐馆。饭后，当他送我回到旅店告别时，他问我：‘你今晚打算做什么？’我回答说，‘我要去俱乐部。那你打算做什么呢？’我问道。他说，‘我要去健身房。’这就是他一直以来的生活，他是一个真正的篮球学生，也是生活的学生。”

德怀恩·韦德

“科比的去世对我本人和其他很多人带来的影响就是，这让我们坐了下来，停了下来。生命过得真快。我们 直在快速前行。科比的去世让我学会要珍惜当下，让我希望自己能创造更多的记忆。这件事肯定会将很多事情放到前景的角度。作为运动员，我们被视为超级英雄。然而，科比在我们心中才是真正的超级英雄。那个时刻触动了我们大家，并将继续如此。科比一直在前面带路——他退役了，并在退役后向我们展示出，你也能掌握这一切。他对如何打篮球、如何成为一位了不起的父亲、如何成为一位好丈夫和如何成为一名创造者都十分精到。他一直在为我们指路，但现在这一切都没有了。”

孙悦

“当我来到湖人队之后，我很幸运能成为他的队友。这也是许多人的梦想。”

瓦妮莎 · 布莱恩特向
她近 20 年的丈夫致哀。

迈克尔·乔丹在赞扬他的朋友时，擦去了眼泪。

深情悼念

2020 年 2 月 24 日，为科比和他的女儿吉安娜举办的悼念活动在洛杉矶斯台普斯中心举行。

那些令人心碎、感人至深、满怀深情的悼念都来自瓦妮莎·布莱恩特，她不仅在几周前的直升机失事中失去了丈夫，还失去了第二个孩子。

她说，吉吉充满爱心，也是位很有抱负的篮球运动员。但最重要的是，她是个令人快乐的女儿。

“她的微笑就像阳光一般。”瓦妮莎说。“她的笑容能占据整张脸，就像我一样。科比总是说她和我一样。”

“她有着我的热情，我的个性，也像我一样爱憎分明。她内心温柔而充满爱意。她笑得最开心。她的笑容是有传染性的。她的笑容纯净而真实。”

瓦妮莎面向两万名哀悼者发表讲话时，提到了自己“受父亲宠爱的女儿”，也提到了四个女儿的父亲。

并不是 NBA 球迷们看到的那个人，而是那个送孩子上学再接她们回家的人，那个她愿意和他一起变老的人。

"大家所认识的科比是篮球场上凶猛的竞技者。"她说，"各方面都做到极致，他是作家、奥斯卡奖得主和黑曼巴。但对我来说，他就是科比，我的情郎，我骄傲的情郎。"

"他是我的朱洛老爹，我是他的薇薇、他的公主、他的雷娜、他的曼巴皇后。我不会把他看成名人，也不会把他视为了不起的篮球运动员。"

"他是我可爱的丈夫，是我们孩子英俊的父亲。他是我的。他是我的一切。我从 17 岁半开始就和科比在一起。我是他的第一个女朋友、他的初恋、他的妻子和他最好的朋友。他的知己，以及他的保护者。"

"他是最了不起的丈夫。科比对我的深爱，我无法用言语表达。他习惯早起，而我却是夜猫子。我是火，他是冰。我们平衡了彼此，他愿意为我做任何事。"

"我相信没有任何一个男人比科比更爱我、更需要我。他充满魅力，他是位绅士。他充满了爱、崇拜和浪漫。"

碧昂斯和艾丽西亚为悼念活动演唱，贾巴尔、魔术师约翰逊、杰里・韦斯特和保罗・加索尔等湖人队的传球球员悉数到场。他们的旁边还坐着 NBA 总裁亚当・希尔弗、迈克尔・乔丹、菲尔・杰克逊和众多的 NBA 球员，其中包括斯蒂芬・库里、詹姆斯・哈登、拉塞尔・威斯布鲁克和凯里・欧文。

乔丹泪流满面。他说："科比对我的启发在于，有人真正关心我打球的方式，也关心他打球的方式。"

"他想成为自己能成为的、最好的篮球运动员。当我开始了解他时，我也想尽我所能，成为他最好的兄长。"

因为奥尼尔，科比有了位与他竞争的哥哥，也拥有了和他一起分享伟大的时刻。

"科比和我会推动对方，去创造出一些史上最伟大的篮球赛。"奥尼尔宣称，"我非常自豪，自从沙奎尔和科比之后，再没有其他球队能够完成湖人队实现的三连冠。"

"是的，我们有时候会像不成熟的孩子一样，争来斗去。我们用言语斗嘴、彼此戏谑。人们以为我们是宿敌。但不要搞错了，大家都认为我们关系不好，当关闭摄像机时，我和他会互相眨眨眼。"

"今天是一个回忆美好时光的日子，也是因为在一场可怕的事故中失去如此多的年轻人，而令人感到悲伤的日子。"

"曼巴，你离开我们太突然了。"奥尼尔补充道，"你人生的下一个篇章才刚刚开始。但现在

沙奎尔·奥尼尔分享自己和科比一起度过的好时光，为现场带来了欢笑。

碧昂斯和唱诗班为悼念活动带来了音乐。

就是我们继承你的遗产的时候了。”

“你自己也说过，所有负面的因素，压力、挑战都是提升自我的机会。所以我们现在接受圣人的忠告，从痛苦中站起来，从疗愈开始。”

“要知道我们会支持你，老弟。我来处理这里的事情。我一定会教娜塔莉亚、比安卡和小卡普里所有的篮球动作。而且我保证不会把我的罚球技术传授给她们。”

瓦妮莎承诺将继续他的事业。她深情地怀念那个为了给她弹奏一曲浪漫的十四行诗，而自学钢琴的男人。她会让其他女儿也学习钢琴，将父亲自学的这门课程传下去。她也会向她们分享吉吉姐姐的故事。

“她们不会再有爸爸和姐姐在身边教她们，这是一种我无法理解的真正损失。”她强调道，“但我很感激科比听到过最小的女儿喊‘爸爸’。”

“他不能去送比安卡和卡普里上学前班，或者幼儿园了。 当我们不得不离开幼儿园教室，或者为了我自己的情感支持而出现在女儿的医生面前时，他不会在这里告诉我‘瓦妮莎，控制住自己!’”

“他不能挽着我们的女儿走上婚礼的步道，也不会让我在舞池里旋转，同时唱《证明你是真心的》给我听。但我想让我的女儿们知道，并记住他是个了不起的人，了不起的丈夫和父亲，他是那种想教导后代变得更好的人，他不希望她们犯自己的错误。”

“他始终热爱工作，并通过做项目来改善孩子们的生活。他通过自己的 NBA 职业生涯、个人的书、表演细节和他的‘小矮人’播客节目教会了我们关于生活和运动的宝贵课程。”

疗愈悲伤是需要时间的。对很多人来说，科比的离去都是巨大的损失。但是对于科比的家庭来说，科比和吉吉的身后留下了巨大的空白。

“我们爱你们，思念你们。”瓦妮莎说。

亲爱的篮球：

从我开始
卷起父亲的圆筒短袜
想象自己在大西部论坛球馆
投进制胜球的样子
我知道有一件事情是真的：
我爱上了你。
我如此深爱着你，把我的全部都给了你
从我的思想和身体
到我的精神和灵魂。
六岁时的我，
深深地爱着你
我从未看到过隧道的尽头
我只看到我自己
用尽全力地奔跑
所以我不停地奔跑
每场比赛都不停地奔跑
争取每次抓住你的机会
你让我拼尽了全力
我把心交给了你
因为这意味着更多而不仅是尽力。
我带着汗水和伤痛比赛
并不是因为挑战在呼唤我
而是因为你在呼唤我
我已经为你奉献了一切
因为你也是这样做的
你让我感觉到活力
你让一个六岁的男孩
实现了他的湖人梦想
为此我将永远爱你
但是我无法再痴迷地爱你更久。
这个赛季我已经毫无保留。
我的心还能够承受各种打击
我的意志也还能坚持下去
但是我的身体让我知道
是时候说再见了。
这也很好
我已经准备好对你放手了
现在我想让你知道
我们都可以尽情地享受剩下的每个瞬间。
无论是好的，还是坏的
我们都已经给了对方
我们所拥有的全部
我们都知道，无论接下来我去做什么
我将永远都是那个
穿着直筒袜
瞄准角落里的垃圾桶
假装进攻时间还剩下5秒
手里拿着篮球的小男孩
5秒……4秒……3秒……2秒……1秒……

永远爱你的

科比

BRYANT
24